Harald Apel

Wortwechsel

Harald Apel

Wortwechsel

102 neue Texte zu bekannten Gesangbuchliedern

Fromm Verlag

Impressum/Imprint (nur für Deutschland/ only for Germany)
Bibliografische Information der Deutschen Nationalbibliothek: Die Deutsche Nationalbibliothek verzeichnet diese Publikation in der Deutschen Nationalbibliografie; detaillierte bibliografische Daten sind im Internet über http://dnb.d-nb.de abrufbar.
Alle in diesem Buch genannten Marken und Produktnamen unterliegen warenzeichen-, marken- oder patentrechtlichem Schutz bzw. sind Warenzeichen oder eingetragene Warenzeichen der jeweiligen Inhaber. Die Wiedergabe von Marken, Produktnamen, Gebrauchsnamen, Handelsnamen, Warenbezeichnungen u.s.w. in diesem Werk berechtigt auch ohne besondere Kennzeichnung nicht zu der Annahme, dass solche Namen im Sinne der Warenzeichen- und Markenschutzgesetzgebung als frei zu betrachten wären und daher von jedermann benutzt werden dürften.

Coverbild: www.ingimage.com

Contact:
International Book Market Service Ltd., 17 Rue Meldrum, Beau Bassin, 1713-01 Mauritius
Website: www.bookmarketservice.com
Email: info@bookmarketservice.com

Gedruckt in: USA, UK, Deutschland. Dieses Buch wurde nicht in Mauritius produziert.

Imprint (only for USA, GB)
Bibliographic information published by the Deutsche Nationalbibliothek: The Deutsche Nationalbibliothek lists this publication in the Deutsche Nationalbibliografie; detailed bibliographic data are available in the Internet at http://dnb.d-nb.de.
Any brand names and product names mentioned in this book are subject to trademark, brand or patent protection and are trademarks or registered trademarks of their respective holders. The use of brand names, product names, common names, trade names, product descriptions etc. even without a particular marking in this works is in no way to be construed to mean that such names may be regarded as unrestricted in respect of trademark and brand protection legislation and could thus be used by anyone.

Cover image: www.ingimage.com

Contact:
International Book Market Service Ltd., 17 Rue Meldrum, Beau Bassin, 1713-01 Mauritius
Website: www.bookmarketservice.com
Email: info@bookmarketservice.com

Printed in: U.S.A., U.K., Germany. This book was not produced in Mauritius.

ISBN: 978-3-8416-0268-8

WORTWECHSEL

102 Alternative Texte zu Liedern des Gesangbuches

HARALD APEL

INHALTSVERZEICHNIS

Einführung:

Mit dem Lutherlied *„Erhalt uns, Herr, bei deinem Wort“* beginnt jener Gesangbuchteil, der mit „WORT GOTTES“ überschrieben ist. Wer jedoch frisch in die altvertraute Melodie einstimmen möchte, der stockt bereits bei der zweiten Zeile des Liedes. Auch wenn der Reim stimmt, legt sich etwas quer bei dem Wunsch *„und steure unser Feinde Mord“.* Solche Bitte verstört unser Verstehen von christlicher Andacht. Gelegentlich gehen die Texte der Gesangbuchlieder etwas quer über die Lippen. Man wünschte sie sich näher an der Gegenwart. Metaphern aus der Vergangenheit treffen nicht immer die Befindlichkeit unserer Zeit. Für die Tradition der Bilder aus Hirten- und Königszeiten gibt es manchmal dann nur den verklärten Blick. Knechte und Mägde wecken das Idyll eines alten Bauernhofes. Die Rüstung, die feste Burg, der Satan, das Joch und die Waffen klingen uns einerseits zu hart und militant, der Knabe mit lockigem Haar, der süße Jesu Christ und die Himmelsblum′ erscheinen uns zu weich und schwärmerisch. Wer vom Opferlamm hört, sieht möglicherweise heute die geschundenen Kreaturen in der Massentierhaltung. So liegt auch in überkommenen Bildern eine Gefahr, im Gottesdienst vor der Welt da draußen abzutauchen. Gleichzeitig suchen Menschen gerade in den Gottesdiensten am Sonntag ganz konkrete Antworten auf die Fragen des Alltags. Zuerst soll die Predigt zur Sprache bringen, was gerade bewegt und nachdenklich macht. Manchmal jedoch reichte es nicht, nur zu Herzen zu reden. Wenn das Herz überläuft, möchte man singen und das Innerste nach außen lassen. In solchen Fällen ist es gut, wenn eine vertraute Melodie trägt, was das Herz bewegt. Lebendig werden unsere Gottesdienste da, wo wir Gott ins Gespräch der Zeit bringen und seine Gegenwart im alltäglichen Leben reflektieren. Ein solcher Wortwechsel bringt nicht nur mehr persönliche Nähe in das Verhältnis Gott -Mensch, sondern es fördert auch die persönliche Nähe derer, die Gott suchen. Dabei sind ihre Ausgangssituationen heute sehr unterschiedlich. Die verschiedenen Generationen einer Gemeinde agieren nicht selten weit voneinander entfernt. Selbst im Gottesdienst, wo sie eigentlich zusammenfinden sollten, wird über die Teilnahme nach eigenen festen Vorstellungen entschieden. So kann folgende erstaunliche Erfahrung gemacht werden. Wenn nach einem Sonntag mit agendarischen Gottesdienst die Woche darauf zu einem Themen- oder Familiengottesdienst eingeladen wird, dann sinkt das Durchschnittsalter der Gottesdienstbesucher innerhalb dieser kurzen Zeit um ca. 25 Jahre. Eine erfreuliche

Entwicklung könnte man meinen, wenn man nur auf die Zahlen sieht. Wer allerdings in die Bankreihen schaut, merkt, dass viele Stammplätze leer geblieben sind. Es wird zwar freudig wahrgenommen, dass viele neue junge Besucher gekommen sind, jene aber, die sonst immer da sind, fehlen. Hier sind die unterschiedlichen Vorstellungen, vom Gottesdienst oft hinderlich. Einerseits sucht man Vertrautheit in Beständigkeit. Diese aber ist über gewisse Zeit nur bei den ständigen Besuchern gewachsen. Wer fremd hinzukommt, bleibt fremd. Gerade in dem, was den Einen Halt und Sicherheit gibt, erkennen die Andren ihre Entfernung. So müssen jene, die Gottes Nähe suchen, von der Tür abgeholt werden. Wo Kirche unter sich bleibt, verfehlt sie ihren Auftrag in zweifacher Weise. Sie bringt nicht mehr zusammen und im Abstand der Generationen kann nichts mehr tradiert werden. Hieraus ergibt sich die schwere, aber durchaus nicht gegensätzliche Aufgabe, sowohl einladend zu sein und gleichzeitig die Tradition zu wahren. Ein Wortwechsel zwischen denen, die sich fremd gewordenen sind, ist oft der erste Schritt wieder einander näher zu kommen. Er beginnt nicht selten mit dem, was noch verbindet. In unserem Fall ist es jene Antwort, die beide Gruppen auf die Frage für ihr Fernbleiben im anderen Gottesdienst geben. Beide stellen fest, dass sie sich fremd fühlen. Die ständigen Gottesdienstbesucher wollen in ein vertrautes Zuhause kommen. Vertrautheit suchen aber auch die anderen Gäste im Gottesdienst. Nur soll diese Empfindung aus ihrer Lebenswirklichkeit kommen. Eigentlich zwei sehr verständliche Begründungen und beide müssen im Gottesdienst Beachtung finden.

Mit den hier vorgestellten Liedtexten sollen erste Schritte aufeinander zu unternommen werden. Indem man gemeinsam singt und jeder in diesen Gesang einbringt, was ihm vertraut ist, kann man sich näher kommen. Für die Einen ist es die vertraute Melodie, während es für die Anderen die im Text besungene vertraute Erfahrung ist. Dabei ist es nicht das Anliegen die alten Texte zu ersetzen oder auszuwechseln. Vielmehr sollen jene zum Mitsingen eingeladen werden, die schon zuschauend am Rand stehen, aber noch Schwierigkeiten mit den alten Liedtexten haben. Wer mitsingen will, muss vom Lied der Anderen angerührt sein. Ob unser Herz beim Singen überläuft, ist im Wesentlichen von der Vertrautheit der Melodie bestimmt und davon, ob im Text unser Innerstes nach außen getragen wird. So kann der Gesang im Gottesdienst eine größere Vielstimmigkeit entwickeln, wo ein neuer Text von einer alten Melodie getragen wird. Er wird zur Brücke, über die man jeweils von seiner vertrauten Seite aus zum Neuen und Ungewohnten hinübergehen kann. Wir lernen so auf ganz praktische Weise einander besser zu verstehen. Das Lied gibt die nötige Leichtigkeit bei der schwierigen Aufgabe, das Eigene und das Fremde miteinander zu vereinen. Es macht möglich, trotz aller Verschiedenheit in Erfahrung und Empfinden einander nah zu sein.

Weiterhin setzt jeder Wortwechsel voraus, dass es eine Ebene der Verständigung gibt. Wenn wir von Gott reden und singen, tun wir es auf der Grundlage der Bibel. Neben dem Lesen und Besprechen ist auch der Gesang eine Möglichkeit sich diese Grundlage anzueignen und zu vergegenwärtigen. Deshalb wurden in mehreren Liedern biblische Geschichten und Texte auf die bekannten Melodien geschrieben. Oft erschließt sich ihr ganzer Sinn erst, wenn zuvor der angegebene Bibeltext gelesen wurde. So können die Lesungen im Gottesdienst mit den Liedern eine Vertiefung oder Interpretation erfahren. Außerdem hat das singende Erzählen eine sehr alte Tradition. Wer von einer Geschichte oder von einer Erfahrung singt, der hält sie lebendig. Der älteste Text der Bibel, das Miriamlied, ist dafür ein überzeugendes Beispiel.

Schließlich sehnt sich unsere Seele im Gesang erhoben zu werden. Dazu bedarf es jener zwei Flügel, die das Lied mit Melodie und Text, aber auch mit Sehnsucht und Tradition tragen. Diese Liedtexte sollen dazu beitragen. Sie sollen ermuntern, dass altes Summen und junges Zwitschern gemeinsam geschieht. Machen wir uns also mit der alten Melodie zu dem Text:

„Erhalt uns, Herr, bei deinem Wort

und steure unser Feinde Mord,

die Jesus Christus, deinen Sohn,

wollen stürzen von deinem Thron“

auf und dichten ein neues Lied im Wortwechsel:

„Verlor'n und ohne Zufluchtsort

bleibt endlich alles Menschenwort,

wo es nicht Gott die Antwort gibt,

wo es dem Andern nicht vergibt.

Zum Gebrauch des Buches

Dieses Textbuch folgt in seinem ersten Teil dem Kirchenjahr. Durch dessen Sonn- u. Feiertage sind die jeweiligen Themen vorgegeben. Hierbei wird sich neben den entsprechenden biblischen Texten und der theologischen Aussage auch immer wieder auf die Jahreszeit und die Natur bezogen. Zusätzlich wurde in diesen Teil das Thema Schulanfang aufgenommen. Im Blick auf die folgenden Generationen ist dieser Tag besonders geeignet, bei Kindern und Eltern neben der nun beginnenden Schulbildung auch die nötige Herzensbildung anzusprechen. Hierbei kann gerade der Gottesdienst beim Aufbruch in die Welt des Wissens Orientierung und Halt als geistige Heimat geben.

Im zweiten Teil geben die Stationen des Lebens die Reihenfolge. Neben Taufe, Konfirmation, Trauung und Beerdigung wurden auch die Goldene Konfirmation, die Goldene Hochzeit und der hohe Geburtstag hinzugenommen. Die wachsende Bedeutung dieser Feste zeigt, wie groß das Bedürfnis nach kirchlichem Zuspruch ist, wenn es gilt im eigenen Leben zurück und voraus zu schauen. Bei der Goldenen Konfirmation bewegt das Ausscheiden aus dem Beruf und aus der Arbeitswelt die Seele. Ebenso suchen die Bilanz eines langen Zusammenlebens in Jubiläen der Trauung oder das Zusammenfinden in einer großen Familie bei hohen Geburtstagen nach Gemeinsamkeit in einem Lied.

Beide Teile dieses Buches befinden sich im Wortwechsel mit den Themen der Gegenwart. Viele Lieder sind zum Gebrauch im Familiengottesdienst oder im Religionsunterricht geeignet.

Für die Reihenfolge der Texte diente das Gesangbuch der Evangelischen Kirchen Anhalts, Berlin- Brandenburgs, der schlesischen Oberlausitz, Pommerns und Sachsens.

I. Advent

1. Nach EG Nr.1: Macht hoch die Tür, die Tor macht weit

Biblischer Bezug: Ps24, Jes 40

Thema: Innehalten, Zeit

Lasst nehmen uns die Zeit wie ein Kind,
zu schau´n, wo wir geblieben sind.
Nicht Sorge, sondern Leichtigkeit
macht uns für diesen Weg bereit.
Ein Weg, der uns ein Ziel verspricht,
der weiter führt, als eigene Sicht.
Ach Gott, DU rufst jetzt still,
wohin die Sehnsucht will.

Es fällt DEIN Wort aus aller Zeit.
Es leucht´ DEIN Stern von Ewigkeit.
Und in das Laute der eiligen Welt
ein leises Lied zur Erde fällt.
So stetig wie die Wellen der See,
so sacht und leicht wie Blütenschnee,
sinkt es auf unser´n Grund,
heilt, was die Zeit hält wund.

Erwartet mehr, als das, was ihr seht.
Geht weiter, als ihr es versteht.
Und wenn die Angst das Hoffen lähmt
und wenn im Dunkel alles sich grämt,
dann seid ihr niemals wirklich allein,
denn mit euch ist das göttliche Sein.
Erhebt nur euren Blick.
Gott lässt euch nicht zurück.

Macht auf das Herz, die Sehnsucht macht weit,
und staunt, wozu ihr geschaffen seid.
Nicht seid ihr zum Lauf im ewigen Kreis,
seid auch mehr, als die Welt von euch weiß.
Gott will, dass euch die Liebe bestimmt,
will brennend euch und nicht das ihr glimmt
als Licht in dieser Welt,
als Kind, das Gott erzählt.

2. Nach EG Nr. 6: Ihr lieben Christen freut euch nun.

Biblischer Bezug: Jes 40

Thema: Besinnen, Geschenk, Stille werden

Lauft nicht davon und bleibet steh´n.
Gebt Stille einen Augenblick
und spürt, ob ihr zur Freud bereit,
denn nicht von euch ist diese Zeit.

Nicht tragt ihr euer Glück nach Haus.
Nicht schafft ihr selbst euch Seligkeit.
Auch wenn ihr alles plant und lenkt,
so wird euch dies von Gott geschenkt.

Die Freude ist das Gotteswort,
das in dein Schweigen leise fällt.
Sie kommt zu dir, du machst sie nicht,
fällt in dein Dunkel, wie ein Licht.

Bereitest du dem Herrn den Weg,
willst Trost für deine schwere Zeit,
dann höre zu und halte still,
weil Gott zu dir jetzt sprechen will.

3. Auch nach Nr. 6: Nach Ihr lieben Christen Freut euch nun.

Biblischer Bezug: direkt zu Jes 63

Thema: Gott anrufen, Hilfe ersehnen

Gott, schau herab vom Himmelzelt!
Wohnst DU nicht mehr in dieser Welt?
Wo ist DEIN Eifer, DEINE Macht,
die stets geführt hat aus der Nacht?

Lass DEINE groß Barmherzigkeit
nicht ferne sein in dieser Zeit.
Als Vater woll´n wir DIR vertrau´n,
und DEINE große Güte schau´n.

Gefangen nimmt uns diese Zeit
und unser Blick geht nicht mehr weit.
Wir dreh´n uns nur noch laut im Kreis
und keiner die Erlösung weiß.

So zeige DICH mit aller Macht.
Zerreiß, entzünd´ bis all erwacht
und jeder es vernehmen kann:
Ein neues Hoffen bricht jetzt an.

Dass man mit Ohr und Aug versteht,
dass ohne DICH bald nichts mehr geht.
DU bist der Gott, der war und wird
DU bist der gute Menschenhirt.

4. Nach EG Nr.8: Es kommt ein Schiff geladen

Biblischer Bezug: Jes 35,3-10 Ps 80

Thema: Erwartung, Zuversicht, Gebet

Erhebt das Haupt, Ihr Leute,
und schaut ins weite Land.
Nicht morgen, sondern heute
gibt Gott euch SEINE Hand.

ER reicht sie über Sorgen,
die brechen euern Sinn.
Nichts bleibet IHM verborgen.
Gebt alle Angst ihm hin.

Die Hand will dich nicht nehmen,
was du suchst, gibt sie dir.
Du brauchst dich nicht zu schämen,
auch hinter Edens Tür.

ER legt in deine Hände,
ein Stück der Ewigkeit.
Und sind auch eng die Wände,
der Himmel bleibet weit.

Doch faltest du die Hände
umfasst du SEINE Hand.
ER führet gut zu Ende,
wie du es nicht gekannt.

Dein Herz es kann begreifen
berührt von SEINER Hand,
die Tage können reifen
ins Gott verheiß´ne Land.

5. Nach EG Nr.11: Wie soll ich dich empfangen

Biblischer Bezug: Lk 21,25-33, Jes 63

Thema: Erwartung, Hoffen

In Freude und in Bangen
steh ich vor Gottes Tür.
Wie werde ich empfangen
und was öffnet sie mir.
Es klopft mein Herz,
ich will herein,
will Kind nun wieder sein,
damit ich ihm begegne,
um ihm ganz nah zu sein.

Noch ist es nur ein Ahnen
und ein Erwarten groß.
Von immer gleichen Bahnen,
da will ich endlich los.
Ich spür´ es nur
und halt es fest,
so fest und sanft es geht,
damit das große Sehnen
mich jetzt nicht mehr verlässt.

Festhalten und Verlieren,
ich weiß nicht, was es ist.
Und doch kann ich wohl spüren,
dass etwas mich vermisst.
Wohin es geht,
ich weiß es nicht,
doch wag ich es mit DIR,
so fällt in mein Vertrauen,
ein sonnengleiches Licht.

Will heben meinen Blick auf
und öffnen meinen Sinn.
Im unendlichen Weltlauf
ich nicht verloren bin.
DU stehst vor mir,
ich seh´ es ein
und sehe weit hinaus.
Selbst an der letzten Grenze
lädst DU mich zu DIR ein.

6. Nach EG Nr.16: Nach Die Nacht ist vorgedrungen

Biblischer Bezug: Mt 21,1-9
Thema: Erzählendes Singen

Nicht wie ein großer König
mehr wie ein armer Knecht,
reitet auf einem Esel
ein Mann für Gottes Recht.
Die Herren lachen höhnisch
und sehen es nicht ein,
wie kann man so erbärmlich
und doch ein König sein?

So wie das Eseljunge
laufen sie hinterher,
als wär etwas lebendig,
das lässt sie hoffen sehr.
Auch wenn es noch nicht sicher,
es könnte David sein.
Mit großem Hosianna
zieht man zur Stadt hinein.

Man weiß nicht, doch man hofft es,
dass er ein König wär.
Dem Wagnis dieser Hoffnung
winken sie hinterher.
Einer, der klug regieret,
Gerechtigkeit erstrebt.
Einer der gut und sanft ist
und Gott entgegenlebt.

SEIN Einzug wird zum Auszug,
aus dem, was dich sonst nimmt.
ER bläst in jenes Feuer,
das schwach in dir noch glimmt.
Doch wird ER dir zum König
so bist du doch befreit.
Dem Geist verleiht ER Flügel,
die Flügel der Ewigkeit.

II. Weihnachten

7 .Nach EG 24: Vom Himmel hoch, da komm ich her

Biblischer Bezug: Lk 2,9-16

Thema: Winter, Stille

Auf Erden tief, da schneit es sacht,
und Sterne fallen aus der Nacht.
Das Feld liegt nicht mehr grau und schwer.
Es kommt ein Fest vom Himmel her.

Ganz still wird mancher laute Ort,
als trägt ein großes Schweigen fort.
Gespannt ist groß das Himmelszelt

von hier in eine and´re Welt.

Der Lauf der Zeit ist plötzlich fern
und alle Furcht weicht dem Begehr´n.
Ein Augenblick wird Ewigkeit
und spürbar wird Unendlichkeit.

Seht an, da liegt das weiße Feld
und was da war, wird nicht gezählt.
Ein Frieden still, kommt hier ins Land
ein Frieden nah aus Gottes Hand.

8. Nach EG 27: Lobt Gott, ihr Christen alle gleich

Biblischer Bezug: Jes 9 , Tit 2,11-14
Thema: Sehen in anderem Licht

Heut´ fällt in diese Welt ein Glanz,
ein Glanz, der uns oft fehlt.
Ums Gold geht heute nicht der Tanz
heut alles anders zählt. :/

Die Lichter, sie sind heute nicht
aus werbend schönem Schein.
Sie leuchten dir ins Angesicht
und laden warm dich ein. :/

Die lauten Worte schweigen heut´
und Leises hörst du klar.
Es ist etwas von ferner Freud
und doch unendlich wahr. :/

Nun ist das große Mächtig-Sein
in allen Dingen schwach.

Es lädt ein kleines Kind dich ein,
zu werden endlich wach. :/

Und was als Traum verloren scheint,
scheint über dir ganz hell.
Und was du eigentlich gemeint
ruft dich an seine Stell. :/

Dies ist ein Tag, der himmlisch ist,
drum lass´ dich auf ihn ein,
weil du der Wahrheit nah heut bist,
und einem wahren Sein.:/

9.Nach EG 30: Es ist ein Ros entsprungen

Biblischer Bezug: Jes 11

Thema: Rose/ Gott

Gott hat sich uns geöffnet,
wie eine Rose zart.
Und liebend ER sich schenket,
in alles, was so hart.
ER kommt uns nun ganz nah
mitten im kalten Denken,
ein warmes Licht man sah.

Die Rose, die ich meine,
ist unser Sehnen lang.
Es bricht durch alle Steine,
ist ewiger Gesang.
Nun öffnet sich dem Licht,
was unsichtbar gewesen
und geht verloren nicht.

Die Rose, sie entfaltet,
der Liebe helle Kraft.
Aus ihr wird neu gestaltet,
was keine and´re schafft.
Auch wenn die Dorne sticht,
der Schmerz steht vor dem Heilen,
manch´ Dunkel vor dem Licht.

Gott hat sich uns geöffnet,
wie eine Rose schön.
Ein Leben ER entfaltet,
dass sich mit IHM versöhn.
Und Jesus heißt sein Wort,
auf dass es blühet allen,
jetzt hier und immerfort.

10. Nach EG 32: Zu Bethlehem geboren

Biblischer Bezug: Mi 5,1-3
Thema: Heimkehren, sich finden

Ein Städtchen von den kleinen,
wird Heimkehrort der Welt.
In ihr wird Gott erscheinen,
wenn alles Eitle fällt.
Freier sind wir, wenn alles Eitle fällt.

Brot gab der Stadt den Namen,
ein Brot, das Leben schenkt.
Gott gibt es im Erbarmen,
wo er das Leben lenkt.
Freier, sind wir, wo ER das Leben lenkt.

ER gibt sich, ganz ergeben,

hinab zu uns als Kind.
In IHM sehn wir das Leben,
wo wir SEIN eigen sind.
Freier, sind wir, wo wir SEIN eigen sind.

Nach Bethlehem wir ziehen,
woll´n angekommen sein.
Wo selber wir uns fliehen,
sagt Gott uns: Du bist mein.
Freier, sind wir: Sagt Gott uns: Du bist mein.

11. Nach EG 33: Brich an, du schönes Morgenlicht

Biblischer Bezug: Jes 9, 1-6
Thema: Erwachen, Aufschauen, Morgen

Aus stiller Nacht, ein Tag anbricht
mit einem klaren Morgen.
Der Himmel scheint in mein Gesicht
und nichtig meine Sorgen.
Es ist die dunkle Angst besiegt.
Ein Hoffen hell nun vor mir liegt.
Dazu ruft mich ein Singen,
um mich zum Ziel zu bringen.

Umarmen möchte ich die Welt
und atmen all dies Leben.
Kein Zweifel mich gefangen hält,
sich aus dem Staub zu heben.
Wenn Gott das Große in uns weckt,
sich es zu IHM entgegenstreckt,
wie zu des Vaters Armen,
dann hält uns SEIN Erbarmen.

Es scheint sein klares Morgenlicht
zu uns mit einem Kinde.
Und über Grenzen geht die Sicht
und nichts verweht im Winde.
Lebendig wird, was ewig bleibt
und was uns Gott entgegen treibt.
Zur Liebe auserkoren,
ist alles was geboren.

12. Nach EG 36 Fröhlich soll mein Herze springen

Biblischer Bezug: Lk 2,8-9
Thema: Schneefall

Stille fällt in weißen Sternen
alles zu bedecken
mit des Himmels Fernen.
Schaut auf dieses sanfte Fallen,
Hell und still, weich und leicht
findet es Gefallen.

Streicheln aus der Himmelsweite
gegen alles Frieren.
Gruß der andren Seite.
Weiß voll Glanz alles erscheinet,
was so bloß, was so nackt
und voll Sorgen weinet.

Ewigkeit fällt in die Stunde.
Nichts vergeht, alles steht,
sinkt zu Gottes Grunde.
Aus dem Fallen wird ein Steigen
und erhebt, was vergeht,
in den fernen Reigen.

Wie die weißen Sterne fallen,
nah und fern, hell und leicht
kommt Gott heut zu allen,
auf dass Friede in uns werde.
Senkt sich sacht, doch mit Macht
auf die kalte Erde.

13. Nach 37: Ich steh an deiner Krippe hier

Biblischer Bezug: Lk 2

Thema: Erzählendes Singen

„Was kostet sie die ganze Welt,
wenn ich sie will besitzen?"
Es ist Augustus, der so zählt,
wie Gott so möcht er sitzen.
Und so schickt jeden er nach Haus,
dass Zahlen sagen endlich aus,
was wertvoll ist im Leben.

Und was der Kaiser ausgedacht,
wird zum Gebot der Knechte.
Es hat sich Josef aufgemacht,
auf dass er tut das Rechte.
Maria, die ihm anvertraut,
voll Hoffnung in die Zukunft schaut.
In ihr wächst neues Leben.

In Bethlehem, der kleinen Stadt,
aus der David gekommen,
in der auch Josef Heimat hat,
da will das Kind ankommen.
In einem warmen alten Stall

wird Gott zum Kinde für uns all
in Windeln, in der Krippe.

Und draußen auf dem weiten Feld,
die Hirten es erhoffen,
da leuchtet eine finst´re Welt
und Engel machen offen,
dass alle Furcht genommen ist,
weil heut´ geboren Jesus Christ,
ein Mensch für alle Menschen.

In alles Große dieser Welt,
ins Glänzen und Gefallen,
hier Gottes Wort vom Himmel fällt,
und nah ist es hier allen.
Wo Gott allein die Ehre hat,
da hat der Frieden seine Stadt,
und Menschen sich versöhnen.

Von diesem Licht berührt ganz nah,
und klingend mit der Seele
bricht auf die scheue Hirtenschar,
dass Wahrheit ihr nicht fehle.
Und finden, was vorausgesagt,
und noch bevor der Morgen tagt,
ist es in aller Munde.

Zu schätzen das, was wirklich zählt
und was der Grund des Lebens,
hat Gott hier seinen Sohn erwählt
zum Sein, das nicht vergebens.
Nicht das, was du besitzen willst,
ist das, womit du Ängste stillst
Es ist dies Gottes Zeichen.

So lasst, was in euch sich jetzt sehnt,
nicht mehr in euch gefangen.
Spürt, was sich in euch regt und dehnt,
lasst es zu IHM gelangen.
In einem Kind ist euch bestimmt,
was alle eure Sehnsucht nimmt
und lässt sie hoch aufsteigen.

14. Nach EG 39: Kommt und lasst uns Christus ehren

Biblischer Bezug: Joh 1
Thema: Licht und Finsternis

Dass es Licht nun in uns werde,
senkt sich Gott ganz tief zur Erde.
Gibt ein Leuchten in die Tage.
Offenbart des Anfangs Sinn.

Dass SEIN Wort das Herz berühre,
legt ER, dass es jeder spüre,
SEINEN Sohn in unsere Hände.
Offenbart des Lebens Sinn.

Dass nicht Finsternis regiere,
dass nicht Geld und Macht marschiere,
weckt ER, was die Seele spannet.
Offenbart des Werdens Sinn.

Dass der Wahrheit wir nicht weichen,
setzt ins Dunkel ER dieses Zeichen.
Spricht zu uns, dass Licht wir werden.
Offenbart, dass SEIN wir sind.

15. nach EG 39: Kommt und lasst uns Christus ehren

Biblischer Bezug: Joh 1,1-5

Thema: Anfang Wort

Gott, DEIN Wort, es will das Leben,
will uns Licht ins Dunkel geben.
Einen Anfang willst DU schenken,
der uns wieder zu DIR führt.

DU hast in die Welt gegeben,
große Sehnsucht nach dem Leben.
Doch dies Licht, das uns bescheinet,
trifft oft uns´re Finsternis.

Im Gespinst der eitlen Sinne
keiner hellen Trost gewinne.
Alles bleibt im grauen Nebel,
bleibet ohne wahres Licht.

Jeder denkt vom finst´ren Ende.
Nur behalten woll´n die Hände
und die Seele bleibt gefangen,
weil sie keine Freiheit sieht.

Wie vorm ersten Schöpfungstage
werden Sinn und Sein zur Plage,
wo kein Wort ins Dunkel findet
und DIR einen Anfang gibt.

Gott, DEIN Wort es kommt zum Leben,
wo wir unsre Tage weben
in die Antwort DEINES Sohnes,
der zu uns gekommen ist.

Eine Feste im Vergehen,
und ein Licht zum aufwärts sehen,
schafft Gott dir in deine Tage,
dass du IHM entgegenwächst.

III.Jahreswende/ Epiphanias

16. Nach 58: Nun lasst uns gehen und treten

Biblischer Bezug: Pred 3

Thema: Zeit

Wie Atem sind die Zeiten
durch die wir Menschen schreiten.
Im Ein und Aus wir Leben
im Nehmen und im Geben.

Gerufen jede Stunde
aus Gottes weisem Munde
geschieht, was uns ereilet,
was geht und was verweilet.

Das Enden und Beginnen,
das Schaffen und das Sinnen,
das Halten und Verlieren,
das Dienen und Regieren.

Das Hoffen und Verzagen,
das Schützen und das Wagen,
das Lieben und das Hassen,
das Wissen und Nicht-Fassen.

All, was geschieht auf Erden,
bei DIR liegt alles Werden.
Und was wir selbst nicht wenden,
liegt doch in DEINEN Händen.

Im Wellengang der Zeiten,
da willst DU uns begleiten.
In allen diesen Dingen,
da wohnt von DIR ein Singen.

Das Auf und Ab des Lebens,
bleibt durch DICH nicht vergebens.
In Ewigkeit wird münden,
was wir hier nicht ergründen.

17. Nach EG 69: Der Morgenstern ist aufgedrungen

Biblischer Bezug: Jes 60, 1-6
Thema: Licht finden, Licht sein

Das Nachtmeer überzieht im Kreise
mit Funkeln eines Tages Reise
und bis auf den Grund da - leucht` ein Stern, :/
als käme uns ganz nah, was sonst wie Gott so fern.

Noch mal spricht Gott ins Wüst´ und Leere:
„Es werde Licht zu meiner Ehre."
Er spricht´s in jede -Menschenseel`, :/
damit zu allem Werden, uns unser Ziel nicht fehl.

So aus der Nacht zum Tag wir ziehen.

Wir brechen auf, ohne zu fliehen.
Es ist gelegt in -uns´re Zeit:/
ein gottgesandtes Leuchten hin in die Ewigkeit.

Lass´ scheinen uns ins Angesichte
von DEINEM warmen wahren Lichte,
bevor sich unser -Tag erfüllt:/
wir endlich werden DIR zum Ebenbild.

18. Nach EG 72. Oh Jesu Christe, wahres Licht

Biblischer Bezug: Jes 42, 1-9
Thema: Gottesknecht/ Prophezeiung Messias

Nicht einen Herrn, jedoch einen Knecht,
schickte Gott uns zu seinem Recht.
In SEINEM Geist und in sanfter Macht
wird euch SEIN Wort nun überbracht.

Nicht voller Glanz und tönend laut
wird euch SEIN Königreich erbaut.
Wie ein Erblüh´n wird´s euch geschenkt,
wo euer Sinn durch IHN gelenkt.

Wo, was dich hielt, im Sturm ist geknickt,
hat ER ihn dir zum Halt geschickt.
Wo es in dir schwach nur noch glimmt,
facht ER das Feuer, dem du bestimmt.

Nichts hält ihn ab von seinem Ziel
Er richtet auf, was nieder fiel.
Er stehet auf für ein gutes Recht
Er wird ganz DEINEM Wort gerecht.

Er bleibet bei euch in der Welt
bis auf SEIN Recht ihr endlich zählt.
Er leuchtet euch als wahres Licht,
das nun verlöschen kann mehr nicht.

Er gibt euch einen sicheren Halt,
der nicht zerbricht, auch wenn ihr fallt.
Er ist´s, der aus der Leere erhebt,
damit ihr Gott entgegen lebt.

19. Nach EG 73: Auf, Seele, auf und säume nicht

Biblischer Bezug: Mt 2
Thema: Singendes Erzählen

Drei Weise aus dem Morgenland,
verlassen ihre Nacht,
als hätten sie für sich erkannt,
wozu sie Gott gemacht. :/

Vom Leuchten eines Sterns erhellt,
verzaubert wunderbar,
so zieh´n sie aus der trauten Welt,
zu sehen, was ist wahr. :/

Im Land der Juden hoffet man,
dass mit dem Stern erscheint,
ein König, der gerecht sein kann,
und der sein Volk vereint. :/

Der König, der im Land regiert,
und hütet seine Macht,
den eignen Stern er sinken sieht,
wird finster, wie die Nacht. :/

Aus Bethlehem, wird ihm gesagt,
da kommt der gute Hirt,
bevor doch diese Hoffnung tagt,
will er, dass sie zerstört. :/

Nicht irdisch Glanz, nicht Königs List,
allein es ist der Stern,
der diesen Weisen Weisung ist,
der nah bringt, was ist fern. :/

Der Himmel weiset auf den Ort,
der ihnen wird zum Ziel
und Freude trägt die Sorgen fort,
so wie es Gott gefiel.:/

Das Leuchten dieses hellen Stern´s,
es fällt in sie hinein.
Ganz nah ist, was bisher so fern
mit diesem Kindelein. :/

Ganz sacht und freundlich wie noch nie
erscheint hier Gottes Macht.
Die Weisen fallen auf die Knie
und sind zum Heil gebracht:/

Es zwingt sie nicht mehr Königs Wort.
Die Weisen sind befreit.
Sie kehren heim an ihren Ort,
der Morgen ist nicht weit. :/

20. Nach EG 79: Wir danken Dir, Herr Jesus Christ

Biblischer Bezug: 2. Mose 3,14

Thema: Jahreswechsel/Gott wird da sein

Ein Jahr fällt in die Ewigkeit.
Ein Tropfen nur im Meer der Zeit.
Zum Himmel kehrt zu DIR zurück
ein unvollkomm´nes Lebensstück.

Wir blieben manches schuldig DIR.
Nicht immer offen war die Tür
für DEINE Worte in das Herz
für eines Nächsten bitt´ren Schmerz.

Wir bitten DICH, vollende sacht,
was von uns anders war gedacht,
was Stückwerk blieb von unserm Tun,
lass´ es in DEINER Güte ruh´n.

Für alles Glück, was uns gescheh´n,
für alle Wunder, die geseh´n
für jedes Staunen, groß und klein,
wollen wir DIR nun dankbar sein.

Und für die Last, die DU gelegt
für das, was sich an Zweifel regt,
für Ängste, die uns übermannt,
seist DU als Hort des Heils genannt

So bleib´ und sei uns weiter nah.
Geh uns voran der scheuen Schar.
So hoffen aus Erinnern wir
und kehren weiter heim zu DIR.

IV.Passion

21. Nach EG 79: Wir danken Dir, Herr Jesu Christ

Biblischer Bezug: Mt 4, 1-11

Thema: Anfechtung

Den Rücken dreh´ zur lauten Welt,
damit in deine Seele fällt,
was sie erhellt und leuchtend macht
und steigen lässt zu Gott ganz sacht.

Komm kehr in Stille zu IHM ein
und lass dich auf SEIN Fragen ein,
das weiter und auch tiefer geht,
worum sich alle Welt nur dreht.

Nicht Brot allein den Hunger stillt,
nicht das, was deine Taschen füllt,
macht dir die Tage wirklich reich.
Das was du hast, dem wirst du gleich.

Lass´ deine Träume aufersteh´n
Lern´ über das, was ist, zu seh´n.
Halte dich fest an SEINEM Wort.
Treib nicht im Wind der Zeiten fort.

Such nicht im Tod dir den Beweis.
Gott nur die wahre Antwort weiß.
Was IHM gerecht und was IHM gut,
fordert auch immer deinen Mut.

Schau auf die Grenzen deiner Macht,
auf dass in deiner Seele wacht

ein Teil SEINER Barmherzigkeit,
die dich bewahrt in dieser Zeit.

So wirst du stark zu widersteh´n.
Hörst auf dich mit der Welt zu dreh´n
So zeigst du IHM dein Angesicht
und diese Welt besiegt dich nicht.

22. Nach EG 81 : Herzliebster Jesu, was hast du verbrochen

Biblischer Bezug: Mk 10, 35-45
Thema: Aus Gottes Gnade leben

Nicht im Beweisen, oft erst im Versagen,
selten in Siegen, mehr in Niederlagen,
spiegelt der Himmel sich in den Gedanken
zeigt uns´re Schranken.

Nicht in der Größe werden wir uns finden,
nicht wenn wir uns an unser Können binden,
selbst wenn wir glauben nur das, was wir wissen,
wir DICH vermissen.

Niemals im Glänzen, Blenden und nur Scheinen,
selbst wenn wir uns als wahre Helden meinen,
kann, was wir groß tun, nur immer gelingen
durch DEIN Vollbringen.

Erst wo den Blick wir aus dem Spiegel heben,
wo wir uns selber nicht die Ehre geben,
reicht unser Sehen bis in DEINE Weite,
die uns dann leite.

Wenn wir das Eigne nicht zum Letzten machen,

und wir befreit über uns selber lachen.
Wenn wir gelöst aus allem Erdenschweren
wir DIR gehören.

23.Nach EG 84: Oh Welt ich muss dich lassen

Biblischer Bezug: Ps 13
Thema: Tränen machen die Einsicht größer

Oft sind es erst die Plagen,
die uns in finst´ren Tagen,
zu einer Einsicht führ´n.
Nicht immer war in Stunden,
in den wir Heil gefunden,
vorab dies alles schon zu spür´n.

Durch Dunkelheit zu gehen,
das schärft oft das Verstehen,
für Gottes wahres Wort.
Vom Glanz und Schein geblendet,
die Hoffnung früh schon endet.
Verloren bist du sehr oft dort.

Die Wüste zu durchschreiten
lag immer vor den Zeiten
im gottverheiß´nen Land.
Erst nach langem Entbehren,
das Gute wir verehren,
wenn es nicht liegt in unsrer Hand.

Das finstre Tal durchwandern
macht uns sehr oft zu andern,
als die wir vorher war´n.

Not lehrt oft zu verstehen,
was wir sonst übersehen,
wenn wir auf ebnen Wegen fahr´n.

Ja, wo gekränkt der Wille
und wo es wird ganz stille,
hör´n wir DEIN wahres Wort.
Dann sprichst DU uns zu Herzen
und zeigst aus unsern Schmerzen
den großen wahren Hoffnungsort.

So fallen unsre Tränen,
die wir als Letztes wähnen,
bis auf den tiefsten Grund.
Der Blick wird so uns reiner,
so manche Ängste kleiner,
weil DU ganz nah in solcher Stund`.

In Trauer nicht gefangen
und nicht im stetem Bangen
lässt DU uns endlich sein.
Was immer wir verlieren,
was nicht zum Ziel wir führen,
wird aufgehoben und wird DEIN

24. Nach EG 85 : Oh Haupt voll Blut und Wunden

Biblischer Bezug: Mk 14, 38-44

Thema: Singendes Erzählen

„Bleibt hier in meiner Nähe,
auch wenn ich ganz allein,
auf dass ich ganz verstehe,
was soll am Ende sein.“

Bis an den Tod getrieben,
spricht Jesus dieses Wort,
auf dass sie bei ihm blieben
an diesem letzten Ort.

Es steigt ein böses Ahnen
in aller Hoffnung auf
und Angst zieht ihre Bahnen,
im wahren Lebenslauf.
„Jetzt muss ich mich entscheiden,
geh ich den Weg zum Schluss,
ja will ich dafür leiden
für das, was ich tun muss."

So betet Jesus flehend,
das Leben liebt er sehr.
Allein vor Gott jetzt stehend
ist ihm der Abschied schwer:
„Ach Vater ist es möglich,
so nimm den Kelch von mir.
Gehöre jetzt dem Tod ich
oder gehör´ ich DIR?

Doch wenn DU bist der Vater,
bleibt DEIN Erbarmen mir
und selbst die letzte Marter,
die führt mich noch zu DIR.
So will ich bei DIR bleiben,
wenn keiner bleibt bei mir,
in DEIN Erbarmen treiben,
gehört mein Wille DIR."

25. Nach EG 85: Oh, Haupt voll Blut

Biblischer Bezug: Ps 130,3-5

Thema: Sündenbekenntnis

Mein Gott, ich bleib DIR schuldig,
was DU von mir verlangst.
DU bittest mich geduldig,
doch mich treibt oft die Angst.
Ich wäre DIR gern vertrauter,
und stark durch DICH allein.
Die Zeit, sie ruft mich lauter,
ihr braves Kind zu sein.

Ich würde so gern lassen,
von dem ich sicher weiß,
es ist ein leeres Fassen,
der Eitelkeit zum Preis.
Doch fühl′ ich mich getrieben,
zu sagen, wer ich bin,
die Welt voranzuschieben,
mir geben einen Sinn.

Ich wär′ DIR Kind so gerne,
wär DEIN, und gar nichts mehr.
Die Heimat wär′ mir Ferne,
die Hoffnung wie das Meer.
Doch nennt man mich erwachsen,
lobt mein Vernüftig-Sein,
sagt, wer ans Licht will wachsen,
der mache sich nicht klein.

Auch wenn ich nicht genüge,
nicht DEINEM Worte treu,
so kenne ich die Lüge,

so kenn´ ich meine Scheu
und bitte zu vergeben,
was ich DIR schuldig bin.
Du lässt mich weiterleben,
zu wandeln meinen Sinn.

26. Nach 90. Du großer Schmerzensmann

Biblischer Bezug: Lk 16,19-34
Thema: Trennung / Gerechtigkeit

Mitten durch diese helle Zeit,
fließet ein Fluss unendlich weit,
stellt auf die andre Seite.
Mitten durch allen Glanz der Welt,
fließen die Tränen ungezählt,
tragen das Leid ins Weite.
Wer wo an welchem Ufer weilt,
wer Reichtum und wer Not sich teilt,
liegt wohin er geboren.
Steigt dieser Fluss nun und wird breit,
trägt er davon Gerechtigkeit,
treiben wir ins Verlor´ne.

Nicht was Menschen trennt und teilt,
ist, was die große Sehnsucht heilt,
lerne hinüber sehen.
Lass´ fremdes Leid dir nahe sein,
tauch´ in den Fluss der Tränen ein,
um Gottes Wort zu verstehen.
Glaub´ fest an Gottes Menschensohn,
dass er als Feste in dir woh´n.
Himmel sei dir auf Erden.
So hat uns Gott als Mensch gemeint,

in IHM zu werden ganz geeint,
mit IHM versöhnt zu werden.

V. Ostern

27. Nach EG 100: Wir wollen alle fröhlich sein

Biblischer Bezug: Ps 98
Bezug: Frühling

Es streckt nach weitem Himmel sich,
was tief in finstrer Erde liegt
von einer Ahnung ganz besiegt.
Wacht auf, wacht auf!
Oh, wachet auf,
die Sonne weckt das Leben auf
befreit von kalter eisiger Fron.

Mit zartem Fingern tastet sich,
ins helle Licht der alte Baum.
In Blüte steht ein wirklicher Traum.
Wacht auf, wacht auf!
Oh, wachet auf
die Sonne weckt das Leben auf
befreit vom kalten eisigen Hohn.

Es zwitschert alle Lebenslust
im großem Glücke, da zu sein
und lädt, was lebt, mit dazu ein.
Wacht auf, wacht auf!
Oh, wachet auf
die Sonne weckt das Leben auf

befreit vom kalten eisigen Lohn.

Es dehnt in uns ein Sehnen sich,
mit allem heil und eins zu sein,
von Gott zu hören: Du bist mein!
Wacht auf, wacht auf.
Oh, wachet auf.
Gott weckt in uns das Leben auf,
befreit durch SEINEN eigenen Sohn.

Gott weckt aus einem schweren Schlaf
mit hellem wahrem warmen Licht
gibt uns verloren lange nicht.
Steht auf, steht auf!
Oh, stehet auf
Gott stehet in uns selber auf,
auf dass wir vom Staub erhoben sind.

28. Nach EG 106: Erschienen ist der herrlich Tag

Biblischer Bezug: Ps 118,14-24
Thema: Auferstehung

Erschienen ist ein Blümlein klein,
zu läuten eine Zeit nun ein,
die wieder auferstehen lässt,
was ihr in Kälte oft vergesst.
Halleluja

Es weicht das Trauertuch in weiß
und Gottes Odem säuselt leis,
ein Lied, das alles weckt, was lebt
und aus der Finsternis nun strebt.
Halleluja

Das Erdreich sucht das Himmelreich.
Unendlich zärtlich und ganz weich
ersteht sie neu, die Welt in grün.
Die kahlen Zweige hell erblüh´n.
Halleluja

Sein Fest feiert das Leben hier.
Und auch hebt sich in dir und mir
vom tiefen Atem weit die Brust
Nur da zu sein, ist eine Lust.
Halleluja

Der Aufstand gegen allen Tod,
das ist es, was uns Gott gebot.
Aus Grabesfinsternis ER hebt,
wer IHM allein entgegenlebt.
Halleluja

Dem Wort, das alles Leben schuf,
dem folgte bis zum Todesruf
der Menschensohn fern aller Welt.
Nun Gott das letzte Wort behält.
Halleluja.

So ist was lebt, ein Gotteskind,
nicht mehr des Todes wir nun sind.
Geschlagen ist ans Kreuz dies Sein,
Gott lädt uns zu sich heute ein.
Halleluja.

29. Nach EG 107: Wir danken dir Herr Jesus Christ

Biblischer Bezug: 1.Kor 15,12-20

Thema: Sieg über die Macht des Todes

Steht auf aus dieser dunklen Macht,
die endet mitten in der Nacht,
die sich in Finsternis verliert,
und nur ans bitt´re Ende führt.
Erlösung ist da.

Wer sich vom Tod regieren lässt,
dem bleibet immer nur ein Rest.
Wie aus dem Glas die Hoffnung rinnt,
bevor wir ihm verloren sind.
Erlösung ist da.

Steht auf und seht am letzten Ort,
das böse Ende ist nicht dort.
Ein Anfang von Unendlichkeit
erscheint in dieser eurer Zeit.
Erlösung ist da.

Wer sich von Gott erwecken lässt,
der bleibet in IHM ewig fest.
Bricht auf zu seinen Toren
Kann geh´n der Welt verloren.
Erlösung ist da.

30. Nach EG 112: Auf, auf , mein Herz mit Freuden

Biblischer Bezug: Lk 24,13-35

Thema: Singendes Erzählen

Gebrochen ist ihr Hoffen.

Sie kehren matt nach Haus.
Und schien auch alles offen,
das Feuer es ist aus.
Auch wenn sein Wort so wahr,
die Welt steht still und starr.
Es bleibt als letzter Schluss:
Nur heim nach Emmaus.

Doch als sie traurig gehen,
Enttäuschung hält ihr Wort,
weil sie zurück nur sehen,
da ist er plötzlich dort.
Ihr Blick ihn nicht erkennt,
der Tod hat sie getrennt.
Und er sie arglos fragt:
„Warum sie so verzagt?“

Sie stocken nun im Gehen,
noch ist es ihnen nah,
sie haben es gesehen,
was Gottes Sohn geschah.
„Ja weißt du es denn nicht“
Kleopas zu ihm spricht.
„Der, dem wir so geglaubt,
ist uns vom Tod geraubt.

Auch hörten wir mit Schrecken,
sein Grab verlassen war,
doch war nicht zu entdecken,
wo er geblieben war.“
Vom Tode ganz besiegt,
im Grab die Hoffnung liegt,
so antworten die zwei,
gefangen und nicht frei.

Von diesem schweren Klagen
sagt voll Lebendigkeit:
„ Ja, wollt ihr denn nicht wagen,
was Gott euch prophezeit?“,
der jetzt mit ihnen geht
und scheinbar mehr versteht.
Er öffnet ihnen viel
und weißt sie auf ein Ziel.

„Die Wege, die wir gingen,
war Gott uns immer nah,
im Meer wir nicht vergingen.
Ja, immer war ER da.
ER sprach: Wir seien sein.
Nie ließ ER uns allein.
Besiegte alle Not,
sogar den finst´ren Tod.“

So sind sie angekommen
mit Wahrheit und mit Wort.
Er hat sie mitgenommen
an ihren Heimatort.
„Ach bleib bei uns die Nacht,
der Tag senkt sich nun sacht.“
So laden sie ihn ein
im Hause Gast zu sein.

Und als zu Tisch sie saßen,
das Brot, wie einst er bricht,
und über alle Maßen
geht ihnen da die Sicht.
So groß ist Gottes Macht,
die hier ans Licht gebracht,

stärkt ihnen die Zuversicht,
die selbst der Tod nimmt nicht.

Nicht in den Herzen Trauer
geht nun den Weg nach Haus.
Es löscht des Todes Schauer
euch lange noch nicht aus.
Was euch zu SEINEN macht;
sein Feuer in der Nacht.
Ein Herz, das für Gott entbrennt,
die Ewigkeit hier erkennt.

31. Nach 114: Wach auf mein Herz, die Nacht ist hin

Biblischer Bezug: Mt 28,1-10
Bezug: Singendes Erzählen

Es dämmert nach durchwachter Nacht,
die Sonne lässt es tagen.
Ins finst´re Grab wurd´ er gebracht.
Was bleibt da noch zu sagen.
Doch zieht es sie noch einmal fort
zu diesem allerletzten Ort.
Sie wollen Abschied nehmen.

Es zieht zum Grab die Frauen hin
zu suchen, was nun bleibet.
Wo liegt im Letzten Gottes Sinn?
Sie´s in die Höhle treibet.
Wofür ist aller Anfangsschmerz?
Wohin am Ende mit dem Herz,
wenn Leben bleibt verloren.

Wo ist des Endes großer Sinn,

wofür liebt man das Leben,
wenn es nur nimmt der Tod dahin,
wenn alles ihm gegeben.
So liegt in uns der schwere Stein,
lasst Gottes Antwort nicht herein.
Er falle hier vom Herzen.

So wird am letzten Ort der Welt
durch jenen Mut der Frauen,
Gott mit Beweisen nicht gezählt,
allein nur durch Vertrauen.
So stehet auf, damit ihr schaut,
was durch diesen Tod wird hier laut:
Gott behält alles Leben

VI. Himmelfahrt / Pfingsten

32. Nach EG 119: Gen Himmel aufgefahren ist

Biblischer Bezug: Mt 6,9-10

Thema: Gott im Himmel

Zum Himmel hebe deinen Blick
Und sieh hinauf
Nimm von ihm in dein Herz ein Stück,
er hebt dich auf.

Grenzenlos und unendlich weit,
und doch so nah
fernab des irdischen Gestreit
so hell und klar.

Vom Horizont bis hin zu dir
ist er gespannt
Er bringet dich vom jetzt und hier
hin in SEIN Land.

Nicht tief hinab, sondern hinauf
So zieht er dich.
Im Nacht -und auch im Tageslauf
schützet er dich.

Sein Licht es gibt dir Zuversicht
selbst in der Nacht,
und zeiget dir mit Sternenlicht
all seine Pracht.

Es zieht in Wolken Leichtigkeit,
was zu ihm steigt.
Nur wetternd zieht in ihm Zeit,
nie er ganz schweigt.

Dorthin nun aufgefahren ist
nach schwerer Pein
heut´ unser Herr, der Jesu Christ
IHM nah zu sein.

Lass´ werden diesen Himmel nun
in uns ganz weit,
auf dass sich spiegelt unser Tun
in Ewigkeit.

33. Nach EG 128: Heilger Geist, du Tröster mein

Biblischer Bezug: 1.Kön 19,9-13a.

Thema: Frühling; Geist des Lebens

Übers Feld und durch den Wald,
jetzt ein sanftes Säuseln wallt,
grün im Saft steht alles bald.

Warm wird, was in Kälte starr,
was in ihr verborgen war,
leuchtet uns nun hell und klar.

Aus der finst´ren Höhle tritt,
wer in ihr verborgen litt.
Gottes Odem nimmt ihn mit.

So wie einst Elia klagt,
und im Dunkel er verzagt,
sich nicht aus der Höhle wagt.

Dem Gott so verborgen ist,
der sein Wirken hier vermisst,
führt ER aus der Dunkelheit.

Nicht im Sturm der Berge bricht,
nicht im brennend heißen Licht,
auch Beben ist er nicht.

Still und sanft ein Sausen nun
wird jetzt alle Wunder tun,
die in Gottes Güte ruh´n.

Geh´ heraus, tritt vor ihn hin,
lass durchwehen deinen Sinn
spüre was es heißt: Ich bin.

34. Nach EG 129 Freut euch, ihr Christen alle

Biblischer Bezug: Apg 2,1-18

Thema: Mit anderen eins sein

Verwoben ist dein Leben.
Es steht nicht mehr allein.
Im Nehmen und im Geben
will es geborgen sein.
Verbunden dein und mein.
Vereint ist nun dein Hoffen,
mit Geist und Händen offen
im Füreinander –Sein.

Geschenkt, sie zu verschenken,
bekommst du deine Zeit.
Hinüber sich zu denken,
ist dir nun nicht mehr weit.
Lass spüren alle Welt,
wes´ Geistes Kind du seiest,
damit du dich befreiest
von dem, was bald zerfällt.

Gott trägt dich über Grenzen.
Sehr weit lässt er dich seh´n.
Das Licht und nicht das Glänzen
lernst du durch IHN versteh´n.
Verlierst durch IHN die Last
im endlichen Versöhnen.
Vom Sieg brauchst du nicht tönen,
obwohl du ihn jetzt hast.

In SEINEM Geist verbunden,
du aufgehoben bist.
Vergehen auch die Stunden

dir nichts verloren ist,
siehst du Barmherzigkeit
und aus dem Selbst erhoben,
da lernst du Gott zu loben
und schmeckst die Ewigkeit.

35. Nach EG 131: Oh, heiliger Geist, oh heiliger Gott

Biblischer Bezug: Sach 4,6
Thema: aufeinander zugehen

Ein Lächeln aus der Unendlichkeit,
es fällt herab in unsere Zeit.
Berührt uns niemals nur allein,
soll Zeichen im Gesicht uns sein,
des freundlichen Geist,
des freundlichen Gott.

Ein Wort, das immer ehrlich gemeint
und über Grenzen uns vereint,
das eigne Schwäche nicht verschweigt,
auch nicht nur auf sich selber zeigt,
das gebe DEIN Geist,
das gebe uns Gott.

Ein Singen, das alle Seelen hebt,
in dem das Kleine groß gelebt,
das trage uns zu DIR hinaus
und öffne uns DEIN Vaterhaus,
verbindender Geist,
verbindender Gott.

Zum Streicheln, wie ein guter Flügelschlag,
das Weinende erlösen mag,

gib uns den Mut und auch den Sinn
und trage zu den Schwachen hin,
den tröstenden Geist
den tröstenden Gott.

Und ein Erlösen, das alle befreit
aus Enge und aus Eigenheit.
Damit sie nicht in Stücke fällt,
die meine und die andre Welt
oh einender Geist
oh einender Gott.

Lass spüren uns, dass allein dein Geist,
uns aus der Macht des Todes reißt,
dass lächelnd wir hinüber geh´n
und die Geliebten wiederseh´n,
oh liebender Geist
oh liebender Gott.

36. Nach EG 133: Zieh ein zu diesen Toren

Biblischer Bezug: 1. Mose 11,1-9 und Apg 2, 1-18

Thema: Verstehen

„Lasst unsre Größe preisen
in einer großen Tat!
Lasst uns gen Himmel reisen
mit einem Turm zur Stadt,
auf dass zu sehen ist,
wozu wir fähig wären,
wenn wir uns selbst verehren“,
so sprach einst Babels Volk.

Vereint nur in der Sache

und nicht in Gott vereint,
darin verliert sich Sprache,
weil jeder sich nur meint.
Was uns zusammenhält,
ist nicht, was wir vollbringen.
Im Glauben wir erringen,
wozu uns Gott gemeint.

Nicht selber sich zu krönen,
nicht nur für sich zu sein,
nicht von sich weit zu tönen,
lädt Gottes Geist nun ein.
Mit seinem Sohn er schickt
den Geist sich zu verstehen,
den Andern gut zu sehen,
so gut wie du dich selbst.

So lasst den Hauch des Lebens
durchwehen euren Geist,
dass Sprache nicht vergebens
und bindend sich erweist.
Sie trägt von dir zu mir
und will dass wir begreifen,
in Gottes Wort zu reifen,
auf dass es Früchte trägt.

Lasst eine Kirche reden,
die nicht sich selber meint,
die offen ist für jeden,
die sich mit andern eint.
Denn der Geist des Lebens
blüht bunt und wunderreich hier,
öffnet die fremde Tür dir.
Gott schenkt den großen Geist

37.Nach EG 134: Komm, o komm, du Geist des Lebens

Biblischer Bezug: Joh 14, 23-27

Thema: Trost

Immer Abschied, immer Tränen,
so vergeht uns unsre Zeit.
Was wir eben zünftig wähnen,
liegt erinnernd bald schon weit.
Ist denn alles nur vergeh´n?
Bleibt uns nur das Rückwärtssehn?

Trost, oh Trost, du seist nicht billig,
der die Wahrheit laut verlacht,
oder sich der Zeit unwillig,
alternd immer jünger macht.
Unser Weg, wo führt er hin,
in die Leere, zu ´nem Sinn?

Geist, oh Geist heb´ die Gedanken
nach dem Abschied auf zu dir,
lass´ aus tiefsten Grunde ranken
unser Hoffen heut schon hier.
Lass´´ aus Tränen, die wir säen,
deine neue Saat aufgeh´n.

Sohn, durch den wir auch versöhnen,
dass wir alle endlich sind.
Nicht kann nun der Tod mehr höhnen,
dass wir seine Kinder sind.
Er, der über´s Ende sah,
der bringt Gott uns endlich nah,

Vater, der DU lässt vergehen
uns und manchen guten Tag,

willst dass wir zu DIR aufsehen,
selbst im letzten Stundenschlag.
Weil durch Dich der Trost der Welt
tief in unsre Seele uns fällt.

VII. Trinitatis

38. Nach EG 138 : Gott, der Vater steh uns bei

Biblischer Bezug: Jesus Sirach 1,1-10
Thema: Vater; Sohn und Heiliger Geist

Gott, ein Vater ist das Bild,
dem wir als Kind vertrauen,
der gerecht, aber auch mild,
auf uns will gnädig schauen.
Vor dem Eitlen uns bewahr´,
an DICH nur lass´ uns glauben.
DEINE Hände halten fest,
was uns so flüchtig sein lässt,
Erlöst uns dann wunderbar.
Zu DIR hebt sich unser Blick,
zu DIR führt unser Weg zurück,
von DIR kommt uns wahres Glück.
DU bist Vater, wir sind Kind
durch DICH wir nicht verloren sind.

Gott, ein Sohn ist uns das Bild,
durch den wir DIR verbunden,
der hier unser Suchen stillt,
wenn wir die Zeit umrunden.
Ihm zu folgen, mach uns fest,

zu DIR hebt er den Glauben.
Er, der DIR sein Leben gab,
ganz verlor´n am Kreuze starb,
uns Erlösung finden lässt.
Er ist nah, an jedem Ort.
Er gibt uns des Lebens Wort.
Er nimmt uns die Ängste fort.
DU bist Vater und bist Sohn,
auf dass DEIN Wort nun bei uns woh´n.

Gott, ein Geist ist uns das Bild,
der uns Menschen nun vereint,
der bezähmt, was oft so wild,
immer nur uns selber meint.
Ihn zu spüren, schenk´ uns Sinn.
DEINE Liebe entfalte,
die DICH gegenwärtig macht,
die wie Feuer uns nun entfacht,
die uns fest bei DIR halte.
Wo wir so begeistert sind,
weht DEIN Atem wie ein Wind,
sind wir DEINES Geistes Kind.
DU bist Vater, Sohn und Geist,
der uns zum Ziel des Lebens weist.

39. Nach EG 140: Brunn alles Heils, dich ehren wir

Biblischer Bezug: Röm 11,33-36

Thema: Nähe und Ferne Gottes

Groß und weit über dem Versteh´n
hoch und niemals ganz anzuseh´n,
suchen wir DIR doch nah zu sein,
suchen wir mehr, als nur den Schein.

Sehen, was DU geschaffen hast,
sehen, wie eins ins andre fasst.
Oh, welche bunte reiche Pracht,
aus der uns Gott entgegen lacht.

Tiefe und Höhe sind bei DIR
und nur das Staunen bleibet mir.
Unerforschlich doch spürbar gut,
Ist, was DEIN Sinn dem Leben tut.

Such ich mit DIR nun eins zu sein,
finde ich mich so schwach und klein.
Bin nur ein Staub in DEINEM Wind
und wäre doch so gern DEIN Kind.

Trotzdem ergreift mich DEINE Hand,
hast meinen Namen DU genannt.
Schicktest DU DEINEN Sohn zu mir,
auf dass DU öffnest mir die Tür,

dass DEINE Liebe mich ergreift,
dass aus dem Staube Hoffnung reift
und ich zu DIR gezählet bin,
dass ich bewahrt in DEINEM Sinn.

DEIN Sohn führt mich durch alle Tag,
niemals trifft mich der Stundenschlag.
Nichts in mir lieget wüst und leer.
ER wird zur Feste mehr und mehr.

So trägt mich durch die Zeit DEIN Geist.
So bin ich getröstet allermeist.
Andern fühl´ ich mich verbunden,

ja, DEIN Geist lässt mich gesunden.

DU, der DU mich lässt so Staunen,
DU mit DEINEM sanften Raunen,
bist es, der uns zum Ziele weist.
Vater, Sohn und heiliger Geist

40. Nach EG 184: Wir glauben Gott im höchsten Thron

Biblischer Bezug: Trinität
Thema: Gesungenes Credo

Wir glauben Gott, der nah uns ist,
mit seinem Sohn, dem Jesus Christ.
Wird Bruder uns und Freund zugleich,
uns heim zu führ´n in Gottes Reich.

Wir glauben fest, dass diese Welt,
in ihrer Schönheit uns erzählt:
Sie ist zum guten Sinn gemacht
und Gott hat sie dafür erdacht.

Wir glauben stark, dass nicht der Tod
die Welt regiert mit seiner Not,
denn Gott hebt auf, was niederfällt,
zeigt, was im Leben wirklich zählt.

Wir glauben froh, dass Gott uns mag,
und auch da ist, am schweren Tag.
Er will, dass wir ihm ganz vertrau´n
und über unsere Grenzen schau´n.

Wir glauben, dass ein Guter Geist
uns Menschen aneinander weist.

Und was ich selber wünsch und brauch,
dass sei so für den andern auch.

Wir glauben Gott, der Vater ist.
Wir glauben, dass uns Jesus Christ,
den Sinn und Grund des Lebens schenkt,
und Gottes Geist das Gute lenkt.

41. Nach EG: 243 Lob Gott getrost mit Singen

Biblischer Bezug: 1. Kön 19,1-13
Thema: Singendes Erzählen

„Wo ist Gott?“ fragt Elia.
„ Warum hilft er mir nicht?
Ich war doch ganz für ihn da,
doch finster meine Sicht.
Sitz in der Wüste traurig,
verlassen und allein.
Ach, ist das alles schaurig,
will nicht auf Erden nun mehr sein!“

Unterm Wachholderbaume,
da legt er sich zur Ruh.
Doch als er liegt im Traume,
ein Engel kommt hinzu.
„Steh auf und gehe weiter,
denn Gott erwartet dich,
will seine Helfer heiter.
Steh auf und iss und spute dich“

In einer Höhl im Berge
fragt Gott ihn in der Nacht.
Warum er sich verberge

und was er denn hier macht?
Elia ruft und klaget.
Warum er Gott nicht sieht?
Bis das, Gott ihm dazu saget:
„Gehe hinaus und schau, was geschieht!“

Im Sturm nicht, nicht im Beben
und auch im Feuer nicht,
will Gott Elia geben
sein helles Angesicht.
In einem sanften Wehen,
gleich einem Lebenswind,
lässt Liebe er geschehen,
in der wir ihm ganz nahe sind.

42.Nach 262: Sonne der Gerechtigkeit

Biblischer Bezug: Mk 10,35-45
Thema: Mein Recht-Dein Recht- Recht für Alle

Jeder will Gerechtigkeit
und sieht nur das eigene Leid.
Schimpft und klagt die andern an,
weil nur sie sind schuld daran.
Was ändert sich?

Welches Recht ist gutes Recht?
Meines gut und deines schlecht?!
Hilf über den Rand zu seh´n,
dass wir lernen zu versteh´n.
Erhebt den Blick.

Allen Menschen recht getan,
fängt mit Gottes Namen an.

Seht im ander´n Angesicht,
dass dort leuchtet Gottes Licht.
Erbarm dich, Herr.

43. Nach 266 Der Tag mein Gott ist nun vergangen.

Biblischer Bezug: 1. Mose 28
Thema: Träume

Im Traum, mein Gott, wird eingefangen,
was uns von DIR herüberweht.
Tief in uns gibt es ein Verlangen,
das über die alten Grenzen geht.

Es träumen Menschen auf dieser Erde,
nur einmal richtig satt zu sein.
Wie sie gehören wir zu jener Herde,
zu der DU willst der Hüter sein.

So sei es, Herr: Lass´ unser Träumen,
den Traum des Andern nicht überseh´n,
Sich gegen ein Unrecht aufzubäumen,
heißt DEINEM Himmel schon deutlicher seh´n.

Die Hoffnung weht dem Tag entgegen,
der DEINE Worte wirklich macht.
Lass´ Träume werden zu jenem Segen,
der diese Erde freundlicher macht.

44. Nach EG 321: Nun danket all Gott

Biblischer Bezug: Jes 6,1-13
Thema: Glücksmoment / Heilig

Gott schenkt wohl jedem Herz
ein ewiges Berühren.
Es trägt uns himmelwärts,
lässt Großes uns hier spüren.
Ein Flügelschlag so leicht
ist es, der in dir lebt
und wo er dich erreicht,
das Herz er dir erhebt.

Ja, dieser Flügelschlag
trägt alles in die Weite.
Selbst, was verborgen lag,
zeigt seine gute Seite.
Du nimmst dich selber leicht
trägst an dir nicht mehr schwer,
weil etwas dich erreicht,
das kommt von Gott dir her.

In solchem Augenblick,
da atmet deine Seele.
Es ist genau das Glück,
was sonst dir immer fehle.
Du lebst das ganze Sein,
wenn auch nur den Moment.
Hörst: Ich werde da sein,
für den, der mich so nennt.

Hier bin ich; ist dein Wort,
wenn du von IHM gerufen.
ER nimmt dich mit sich fort
vor seines Thrones Stufen.
Und wenn du es benennst,
dass du so nah ihm bist
von Herzen du bekennst:

Wie heilig Gott doch ist!

45. Nach EG 327:Wunderbarer König

Biblischer Bezug: 2. Mose 20,1-17
Thema: Macht, Gott, Was ist wichtig.

Wunderbarer König,
DU liebst alles Leben,
lass DIR unsre Antwort geben.
Die, die DICH verlieren,
können nicht regieren,
schließen DEINE Freiheit Türen.
DEINE Macht wird entfacht,
wo wir DIR vertrauen
und uns Brücken bauen.

Nicht sind Geld und Stärke
oder Wundertaten,
die zu einem Herrscher raten.
Vielmehr sind es Menschen,
meistens in der Stille,
die erreicht der Gottes Wille.
Wer versteht und losgeht,
wird die Wunden finden
und sie dann verbinden.

Wunder in den Wunden
werden da gefunden,
wo wir Gott und Mensch verbunden.
Gib den Schwachen Stärke,
achte Gottes Werke
und die Zehn Gebote merke.
So bestimmt, Gott dich nimmt,

für ein gutes Werden
hier bei uns auf Erden.

46.Nach EG 457: Der Tag ist seiner Höhe nah

Biblischer Bezug: Ps 139
Thema: Jahreszeiten

Auf Flügeln DEINES Morgenrot
trag mich über das Meer,
und wenn dann kommt das Abendrot,
dann bring mich wieder her.

Dass ich DEIN glühend rotes Licht
in meinen Innern spür´
und weiß, ich geh´ verloren nicht
geh´ von und hin zu DIR.

So wie am ersten Frühlingstag
nach langem Frost und Eis,
weck´ in mir, was im Sterben lag,
tu es auf DEINE Weis´.

Auf dass es sich zu dir erhebt
und finstre Angst verlässt
von DEINER Nähe neu belebt
im Hoffen auf DICH fest.

So wie des Sommers volle Pracht
im hellen Licht erscheint.
So lass´ mich sehen DEINE Macht,
die alle Fülle eint.

Auf dass zum Besten mir gereicht,

was ich von DIR empfang.
Mach alles Erdenschwere leicht,
mach aufrecht meinen Gang.

So wie der Herbst mit wildem Wind,
im Kreisel Abschied dreht,
so steigt und fällt die Zeit geschwind-
sie doch bei DIR besteht.

Auf dass, was meine Hand nicht hält,
doch nicht verloren geht.
Selbst wenn es aus den Himmeln fällt
in DEINER Hand es steht.

So wie der weiße Schnee deckt zu,
was weltverlassen liegt.
So kommt mit DEINEM Frieden Ruh,
die allen Tod besiegt.

Ganz sacht fällt, was ich mir erdacht,
auf DEINER Güte Feld.
So wird, am Ende doch vollbracht,
was DEINE Liebe zählt.

Es trägt DEIN Odem mich so weit,
dass nah ich Fernes seh´.
Und ist erfüllt die meine Zeit
ich endlich vor DIR steh´.

So bleib´ ich DIR in Tag und Jahr
ein Kind hier in der Zeit,
dass aber spürt im Herzen wahr
die ganze Ewigkeit.

47.Nach 501. Wie lieblich ist der Maien

Biblischer Bezug: Mt 25.14-30

Thema: Träumen, Zeit nehmen/ Phantasie

Wie lieblich ist´s zu träumen aus lauter Phantasie.
Es steigen freie Gedanken zu Gott in Harmonie.
Die Grenzen sieht man fliehen und alles wird ganz weit.
Es braucht dein Herz zum Singen auch immer seine Zeit.

Gott schenkt uns jene Gabe, zu sehen weit voraus.
Und aus so mancher Enge, da trittst du frei heraus.
Du siehst den weiten Himmel und frei macht dich dein Geist.
Du bleibst auf einer Stelle und bist doch weit gereist.

Zu Flügeln kommt der Lahme, zur Größe kommt die Maus.
Die Uhren stehen stille und Beine hat ein Haus.
Den Himmel kann man sehen im Traum ein kleines Stück
und bist du dort gewesen, kommst du erstaunt zurück.

VIII. Schulanfang

48. Nach EG 168: Du hast uns Herr gerufen

Biblischer Bezug: 1.Mose 12,1-3

Thema: Neugier/ Schulanfang/ Eingang

Der Tag, er hat begonnen
und neugierig sind wir. :/
Es fällt das Licht der Sonne
durch uns´re Tür. :/

Die Schule hat begonnen.
Wir sind schon ganz gespannt. :/
Wir gehen auf die Reise
an Gottes Hand. :/

Ein Fest hat jetzt begonnen
und wir erwarten viel. :/
Das lachend wir uns treffen
an einem Ziel.

49. Nach EG 195: Allein auf Gottes Wort will ich

Biblischer Bezug: 1. Mose. 12, 1-4
Thema: Schulanfang

Kinder :
Allein geh´ ich jetzt aus dem Haus
an jedem frühen Morgen.
Seh´ auch viel größer jetzt schon aus.
Nichts bleibt mir mehr verborgen.
Die Neugier schenkt mir allen Mut.
Schon bald bin ich erwachsen.
Der Kopf werd´ klug, das Herz werd´ gut.
Sie sollen weiter wachsen.

Und komm ich dann zurück nach Haus,
so werde ich erwartet
und packe meinen Eltern aus,
wohin ich heut gestartet.
Sie staunen, was ich alles kann
und helfen zu verstehen
und manchmal schauen sie mich an,
als sei ich neu zu sehen.

Mutter:
Nun geht er seinen ersten Weg.
Mein Blick geht nach versunken.
Ich bleibe hier am alten Steg.
Mein Herz hat nach gewunken.
Die ersten Schritte von mir fort.
Liebe ist nicht behalten.
Der Aufbruchs- ist auch Abschiedsort
verlieren wär´ festhalten.

Vater:
Nun geht sie stolz voller Neugier,
die Wahrheit zu erkunden
und geht dabei durch manche Tür,
die ich noch nicht gefunden.
Wird weiter geh´n, als ich es kann
in jene Zeit von Morgen.
Mit ihr fängt etwas Neues an
nimmt dorthin auch mein Sorgen.

Alle:
„So geh aus deinem Vaterhaus!"
ruft Gott in unsre Sorgen,
Er schickt uns alle dahin aus,
zu finden sich geborgen.
Ist Aufbruchs- und ist Ankunftsort
für seine Kinder alle.
Er führet weg, er führet heim
ist da in jedem Falle.

50. Nach EG 197: Herr, öffne mir die Herzenstüre

Biblischer Bezug: Hes 36,29

Thema: Herzensbildung

Mein Herz klopft laut, ich bin gespannt.
Schulkind, werd´ ich ab heut genannt.
Doch soll der Kopf nicht nur allein
am Ziele etwas klüger sein.

Denn dass das Herz, so laut heut schlägt,
bangt, dass es sich auch noch verträgt,
mit meinem dann so klugen Kopf,
dass Staunen wird ein alter Zopf.

Und ist vielleicht mein ganzer Sinn,
dass ich ein guter Schüler bin.
Zählt auch das Herz bei allem Fleiß,
wenn ich dann „Klassenbester“ heiß?

Was braucht der Kopf, was braucht das Herz?
Was hilft bei Angst, was lindert Schmerz?
Wie bleiben meine Träume viel,
und hat der Lebensweg ein Ziel?

Voll Neugier breche ich nun auf,
wenn morgen ich zur Schule lauf.
Und hoff´ als Schul- und Gotteskind,
dass Kopf und Herz bald reicher sind.

51. Nach EG 347: Ach bleib mit deiner Gnade

Biblischer Bezug: Mk 16,1-8 /1. Mose 12,1-3

Thema: Entdecken/ Neugier/ Schulanfang

Ach, lass dich nicht erschrecken,
wenn etwas neu dir ist.
Du kannst sehr viel entdecken,

wenn du nur mutig bist.

Ach, suche eine Antwort
bis du dir sicher bist,
auch wenn sie für dein Fragen,
der neue Anfang ist.

Ach, such´ dir viele Freunde,
damit du glücklich bist,
denn wer nur für sich selber,
das Suchen bald vergisst.

Ach, Gott heb uns´re Herzen
ein Stück empor zu DIR,
damit sie fröhlich schlagen
an DEINE große Tür.

52. Nach EG 446: Wach auf mein Herz

Biblischer Bezug: Mt 28,18-20
Thema: Aufbrechen / Schulanfang/ Taufe

Wach auf mein Herz und singe
dem Schöpfer aller Dinge,
Dem Geber aller Güter,
dem frommen Menschenhüter.

Mein Fuß, er will jetzt gehen,
das Ferne will ich sehen.
Den Fremden will ich kennen
und was wahr ist, benennen.

Mein Kopf will viel entdecken,
sich zu DIR hin jetzt recken.

Die Welt beginnt zu raunen.
Ich kann DICH nur bestaunen.

Nun geht mein Herz DICH finden,
um sich an DICH zu binden
und dann getrost zu schlagen
in allen meinen Tagen.

Mein Seel´, sie will erklingen,
gespannt sei sie zum Singen,
wenn Liebe sie berühret,
sie mich zu Gott hin führet.

IX. Erntedank

53. Nach EG 294 Nun Saget Dank und Lob den Herren

Biblischer Bezug: 1. Mose 1,28

Thema: Achtung vor Gottes Geschöpfen

Zum Herren über alle Tiere
hat Gott den Menschen eingesetzt.
In SEINEM Geist er weise führe,
was Gottes Ordnung nicht verletzt.
Füreinander schuf ER das Leben.
Keines kann nur für sich nur sein
und wenn ER uns die Kron gegeben
müssen wir ihrer würdig sein.

Ein Herrscher, der sehr wohl regieret,
schützt alle seine Untertan.
Auf dass nicht einen er verlieret,

stellt er das Eigne hinten an.
Selbst dem Kleinsten gilt sein Sorgen.
Niemand lässt er verloren geh´n
Alles fühlt sich bei ihm geborgen
Er steht für jedes Wohlergeh´n.

Oh welcher Thron ist da bestiegen,
der Tiere nur noch brauchbar nennt.
Wo in des Marktes wilden Kriegen
kaum einer noch Erbarmen kennt.
Wo nur die Gier am End regieret,
wild und gänzlich unbezähmt,
wo man in eine Welt marschieret,
in der das Sattsein alles lähmt.

Wie kann man Leben nur erschaffen,
aus reiner kalter Nützlichkeit ?
Gilt es denn nur zusammenraffen,
das was man haben kann zur Zeit?
Wo unser Herz dem gold´nen Kalb schlägt,
fehlt bald schon die Barmherzigkeit.
Wo Gottes Güte nicht das Sein trägt,
geht es verloren mit der Zeit.

Wenn Gott uns schuf zu seinem Bilde,
hat ER in uns auch angelegt,
dass sich von SEINER großen Milde
tief in uns etwas nun bewegt.
Gott, der DU Hüter allen Lebens,
hohl uns zurück in DEINEN Geist,
auf dass unser Sein hier nicht vergebens,
sondern auf DICH als Schöpfer weist.

54.Nach EG 324: Ich singe dir mit Herz und Mund

Biblischer Bezug: Jes 58,7-12

Thema: Not sehen, Teilen

Gott gibt, damit du geben kannst.
Er schenkt dir, dass du schenkst.
Wo einen Fremden du verbannst,
du SEINER nicht gedenkst.

So wie du bittest um dein Brot,
tut es, der fern dir ist.
Erst wenn du siehst die fremde Not,
du Gott auch nahe bist.

Nur was du gibst, nicht was du hast,
macht hell dir deinen Geist.
Trage mit deines Nächsten Last
ins Licht sie beide weist.

Willst du nichts als Gerechtigkeit,
so tue sie zuerst,
denn was sie braucht zu allermeist,
dass du den andern hörst.

Findet dein Herz, wer Hunger hat,
wer ohne Obdach ist,
so führt euch Gott in jene Stadt,
in der ihr nichts vermisst.

Du bist es, den Gott braucht dafür,
dass Gutes wachsen kann.
Er gibt das ganze Leben dir,
so komme bei ihm an.

55. Nach EG 328: Dir, dir oh Höchster, will ich singen.

Biblischer Bezug: Ps 104

Thema: Gottes Gute Welt

Hoch wie ein Vogel steigt die Seele
und findet alles an Zufriedenheit.
Nichts gibt es, was dem Glück nun fehle,
denn Gott entfaltet SEINE Herrlichkeit.
SEIN Kleid ist lauter Licht und Sonnenschein.
Nichts bleibt mir, als vom Herzen dankbar sein.

Als Teppich breitet Gott den Himmel
und fest gegründet ist das Erdenreich,
drauf strebt im eifrigen Gewimmel
zum Lichte alle SEIN Wunder gleich.
Und jedem gibt ER, was er nötig hat
aus SEINER guten Hand wird alles satt.

Das Grass lässt wachsen ER den Tieren
und Saat wächst Menschen auf dem weiten Feld.
Nur SEINE Güte kann regieren,
damit in Frieden bleibt die ganze Welt.
Nicht Angst des Mangels treibt uns durch die Zeit.
Wir sind die SEINEN durch Barmherzigkeit.

Die Erde bringt hervor uns Brote.
Erfreut wird uns unser Herz vom guten Wein
und jede Gabe ist ein Bote
für unsres Gottes großes Gnädig-Sein.
Es wartet auf DICH alles, was da lebt
auf DEINEN Odem, der uns mit DIR verwebt.

So nimm nicht fort DEIN gutes Wesen.

Lass´ sehen uns DEIN gutes Angesicht
Durch DEINEM Odem lass genesen,
was DEINER Schöpfung widerspricht.
So führe nun mein Herz und meinen Sinn
dankend zu DEINER Größe selig hin.

56.Nach EG 444. Die Güldene Sonne

Biblischer Bezug: Lk 12, 15-21
Thema: Habgier/ Singendes Erzählen

Was immer wir haben,
so sind alle Gaben
nicht das, was wir sind.
Denn was wir besitzen,
es kann uns nichts nützen,
verweht doch im Wind.

Solch Reichtum nie reichet,
und Angst sich einschleichet,
die Seele zerfrisst.
Denn all unser Frieden,
der ist uns beschieden,
weil Gott für uns ist.

Sieh in jenem Reichen
die Habgier einschleichen,
will Scheunen sich bau´n.
Und dort sich bewahren
das Leben in Jahren
sein Schätzen vertrau´n.

Doch was bleibt der Seele,

wenn Nahrung ihr fehle
und Gier sie regiert.
Mit irdischen Dingen,
kannst du nur vollbringen,
dass sie sich verliert.

So lass´ sie dir singen
von himmlischen Dingen
und göttlichem Licht.
So wirst du bewahren
in all deinen Jahren
große Zuversicht.

57.Nach EG 523: Valet will ich Dir geben

Biblischer Bezug: Mt 6,25-34
Thema: Geschenke Gottes

Des Sommers voller Segen,
er ist nun eingebracht.
In Sonne und in Regen
hast DU uns reich gemacht.
Hab Dank für DEINE Güte
für das, was DU uns gibst.
Vom Brot bis hin zur Blüte,
zeigt wie DU alles liebst.

Wie müßig unser Sorgen,
dass es zu wenig ist.
Denn was DU schenkst am Morgen,
den Abend nicht vergisst.
DU gibst uns durch die Zeiten,
und stets ist es genug.
Hilf DEINEN Reichtum leiten

aus Habgier und Betrug.

Hilf, dass stets unser Wollen
nicht treibet in die Gier.
Denn was wir haben sollen,
ist für das Jetzt und Hier.
Die Zukunft ist nicht Haben.
Sie ist, DIR dankbar sein.
Am Reichtum sich zu laben,
heißt wirklich arm zu sein.

Lass´ wachsam uns bewahren,
die Schönheit dieser Welt.
Sein Rauschen kann erfahren
nur, wer den Baum nicht fällt.
Der Schöpfer rührt dein Herz an,
auf dass es wächst empor.
Lässt hören, was nur er kann
des Lebens großen Chor.

So hebe deine Seele
und stimme froh mit ein,
auf dass dir niemals fehle
jenes Geborgensein,
das Gott uns reichlich schenket
im Segen dir und mir,
dass ER die Sinne lenket
zu IHM nun für und für.

X. Reformationsfest

58.Nach EG 193: Erhalt uns Herr bei deinem Wort

Biblischer Bezug: Mi 6,8

Thema: Menschenwort / Gotteswort

Verlor´n und ohne Zufluchtsort
bleibt endlich alles Menschenwort,
wo es nicht Gott die Antwort gibt,
wo es dem Andern nicht vergibt.

Leer ist und ohne Lebensgeist
das Wort, was auf sich selber weist.
Man kann erst richtig sich versteh´n,
lernt man über sich selbst zu seh´n.

Auch droht dem schnellem Menschenwort,
dass es die Zahl trägt zu sich fort.
Macht es sich dann zum Untertan.
Rechnen nennt man das Sprechen dann.

Und unser Wort von Flüchtigkeit,
es wandelt sich stets mit der Zeit.
Nie hält es etwas wirklich fest.
Nie es sich ganz erklären lässt.

Nie hat es Wahrheit voll und ganz.
Es fehlt ihm DEINER Klarheit Glanz.
Doch hilft es uns in schwerer Not
und ist es unsres Geistes Brot.

So wie DEIN Wort die Welt erschuf,

so schafft in uns DEIN guter Ruf
die Feste zwischen dir und mir
und Worte, die ich brauch´ dafür.

Drum halt uns Herr bei DEINEM Wort
und bringe unsres an den Ort,
wo es den Nächsten gut berührt
und aus dem Ich zum Wir uns führt.

59.Nach EG 195: Allein auf Gottes Wort will ich

Biblischer Bezug: Röm 3, 28
Thema: Glauben

Allein durch Glauben werden wir
in Gottes Nähe finden.
Wir gehen erst durch SEINE Tür,
wo wir uns überwinden.
Nicht braucht er weltlichen Beweis
für unsre wahre Treue,
weil ER von unsrem Denken weiß,
bleibt uns oft nichts als Reue.

So geh´n wir aus dem Vaterhaus
und trotzdem ihm entgegen.
Auf SEIN Wort hin so zieh´n wir aus
und finden seinen Segen.
Gebunden und zugleich befreit,
so woll´n auf Gott wir bauen.
Geh´n aufrecht nun durch unsre Zeit
im Wagen und Vertrauen.

Des Wortes tiefen Grund zu spür´n,
das gibt allein der Glauben.

Ihm ist es möglich zu berüh´n,
was uns Verstand will rauben.
Vertrauen und Gelassenheit
kann uns der Glauben schenken
und er befreit uns aus dem Leid,
stets an sich selbst zu denken.

Und legen wir in SEINE Hand,
das was wir sollen werden,
dann nimmt ER was im Wege stand
zum Himmel von der Erden.
Teilt Meere uns und geht voran
nimmt uns die vielen Sorgen.
Nur ER kann, was kein andrer kann:
ER lässt es werden Morgen.

60. Nach EG 353: Jesus nimmt die Sünder

Biblischer Bezug: Röm 3. 23 u.24
Thema: Unser Tun

Stolz macht, was wir gut getan,
und den Meister loben Werke.
Hochgelobt wird, was man kann.
Sichtbar wird so unsre Stärke.
Stolz verkündet unsre Pracht:
Das hab ich aus mir gemacht!

Oft ist unser aller Tun,
dass wir uns nur selber loben?
Worin sollten wir dann ruh´n?
Wohin wär´n wir aufgehoben?
Hält uns unsre eigene Hand?
Nehmen wir uns selbst zum Pfand?

Was wir tun, ist nie gerecht,
immer bleiben wir in Schulden.
Wollen´s gut, doch es wird schlecht
müssen unsern Makel dulden.
So bleibt jeder großen Tat,
Glaube, der begonnen hat.

61. Nach EG 362: Ein feste Burg ist unser Gott (spätere Form)

Biblischer Bezug: Ps 46

Thema: Gott ist wie…

Ein Fels im Sturm sei unser Gott,
den wir uns nicht geschaffen.
Er bleibt der letzte Zufluchtsort,
wenn strecken wir die Waffen.
Du stehst bei ihm fest,
wenn du ihn nur lässt.
Nichts kann dich verweh´n,
wirst nicht verlorengeh´n
Er wird dich ewig halten.

Ein hoher Berg sei unser Gott,
zu dem wir stets aufschauen.
Wir wissen unsre Hilfe dort,
hinauf geht das Vertrauen.
Er hebt deinen Blick
zum Himmel ein Stück.
Zeigt dir deinen Lauf,
dass er dich führt hinauf,
wo du wirst schon erwartet.

Ein weites Meer sei unser Gott,

das flüstert uns von Ferne
und trägt zugleich uns dahin fort
und spiegelt nachts die Sterne.
Es ruft wach den Sinn
und zieht dich dorthin,
ob groß und auch klein
kannst finden du dein Sein
und wirst von ihm getragen.

Ein steter Fluss sei unser Gott,
der fließt durch unsere Tage
und wenn wir werfen unser Lot,
so zieht uns fort die Frage.
So halte nicht fest,
was dich bald verlässt.
Doch folge ihm nach
und halt dir immer wach,
den Morgen zu bestaunen.

Ein sanftes Säuseln seist DU, Gott,
wie es Elia spüret.
Verweht uns alle Seelennot
uns aus der Höhle führet.
Sein Odem belebt,
dass zum Licht man strebt.
Bläst dir ins Gesicht,
du selbst bist es ja nicht,
der reich dir macht dein Leben.

Ein guter Freund sei unser Gott,
ganz nah an unsrer Seite,
der selbst im größten Weltenspott
uns treulich fest begleite,
auf dass Berg und Fluss,

uns werden DEIN Gruß,
auf dass Fels und Meer
jenes Säuseln und mehr
in DEINER Liebe halten.

XI. Besondere Tage

62. Nach EG 295: Wohl denen die da wandeln

Biblischer Bezug: Lukas 22,7-20
Thema: das Leben kosten/ Gründonnerstag

Du kannst das Leben kosten.
Es schmeckt nach Wein und Brot.
Es wird das Leben kosten,
doch wartet nicht der Tod,
wenn du auf Erden hier entdeckst
des Gottes gute Gaben,
den Himmel du schon schmeckst.

Du kannst das Leben kosten,
und schmeckst Unendlichkeit.
Die Welt wird es nicht kosten,
doch dass du bist bereit,
sie neu und wandelbar zu seh´n
in Gottes gutem Lichte
und dafür einzusteh´n.

Du kannst das Leben kosten
und schmeckst Gemeinsamkeit.
Lass´ dir es etwas kosten,
wenn andre sind im Leid.

Dass Gott zu seinem Mahl lädt ein,
das gilt auch deinem Nächsten,
lös´ deine Schuld ihm ein.

Du kannst das Leben kosten
und schmeckst, was Liebe ist.
Sie wird das Leben kosten,
doch zeigen, wer du bist.
In ihr schmeckst du das Gottessein
schon in den Erdentagen
wirst du erlöset sein.

Du kannst das Leben kosten
im Sein von Jesus Christ.
Sein Leben musst´ es kosten,
dass du Gott nahe bist.
Er hat dich durch den Tod gebracht,
zu Gott dich heim geleitet,
hat Menschlich-Sein vollbracht.

63. Nach EG 76: O Mensch, bewein dein Sünden groß

Biblischer Bezug: Mk 15,6-41
Thema: An der Grenze stehen /Karfreitag

Hier, an dem letzten Ort der Welt,
wo nur noch Angst die Seele quält,
kommt aller Sinn ins Wanken.
Hier, wo die Finsternis so tief,
und man zum bösen Ende rief,
steht das Versteh´n vor Schranken.
Nichts Gutes hier vergolten wird,
nichts, was zu einem Ziel uns führt,
an dieser Schädelstätte.

Liebe wird hier besiegt vom Tod,
nichts, was uns hebt aus unsrer Not,
und was man so gern hätte.

Tief bis zum letzten Menschengrund
und von der Angst die Seele wund,
spürt er sich Gott verlassen.
Geblieben nur noch Spott und Hohn.
Seht den geschund´nen Gottessohn!
Seht ihn ins Leere fassen!
Was ist ein Mensch gegen den Tod?
Bleibt ohne Grund das letzte Lot?
Fragen, die widerhallen.
Weiter kann Ohnmacht nicht mehr geh´n,
schwerer kann man kein Leiden seh´n,
tiefer ein Mensch nicht fallen.

Schaut an die letzte Macht der Welt,
die mit dem Tod hier Herrschaft hält,
seht dieses finst´re Siegen.
Lassen wir ihm das letzte Wort?
Nimmt er uns in die Leere fort?
Bleibt nichts, als ihm erliegen?
Ob Todes oder Gottes Kind,
wofür wir hier berufen sind,
dass kannst du am Kreuz nur sehen.
Nach Tränen wird das Auge klar,
du siehst, was vorher noch nicht war,
in dir wird Gott aufstehen.

64. nach EG 141: Wir wollen sing´n ein Lobgesang

Biblischer Bezug: Mt 3,1-12

Thema: Johannestag. Umkehr

Nicht aus der Welt, die so reich und fest,
Gott seine Botschaft hören lässt.
Fernab aller Geschäftigkeit
ruft er zu euch in jeder Zeit.

Johannis in der Wüste es spricht:
„Im Nichts verliert sich eure Sicht.
Voran ist manchmal auch zurück.
Nicht immer vorn liegt alles Glück.

Das Himmelreich im Hier und im Jetzt,
die Einsicht vor die Aussicht setzt.
Die Zeit dafür ist nun erreicht,
auf dass ihr Gottes Wort nicht weicht.“

Voller Hoffnung man Johannes fragt:
„Bist du es, von dem uns gesagt,
er sei die Umkehr aller Zeit,
er mache Gottes Botschaft weit?“

„Bin nur jener, der ihn euch hier nennt,
einer, der sich zu ihm bekennt.
Bin der Bote, die Botschaft nicht!“
so Johannes zum Volke spricht.

Er hat als Erster Jesus erkannt,
Rief´s aus der Wüste weit ins Land,
dass Umkehr unsre Heimkehr sei,
dafür macht er den Weg uns frei.

So feiern wir ihm heut´ dieses Fest,
auf dass er uns bedenken lässt,
ist in uns auch der Weg bereit
für Gottes neue helle Zeit?

65.Nach EG 250: Ich lobe dich von ganzer Seelen

Biblischer Bezug: Texte über Petrus und Paulus

Thema: göttlich/ menschlich / Petrus Paulus Gedenktag

Teil 1: Petrus
„Wer bin ich?“ so ließ Jesus fragen
und Petrus war´s, der ihn erkannt.
„Du bist der, von dem will ich sagen:
Gott hat uns seinen Sohn gesandt.
Will immer treu zu dir jetzt halten,
und jeden Weg jetzt mit dir geh´n,
will auf dich hoffend mich entfalten,
will fest immer zu dir nun steh´n.“

Solch´ ein Bekenntnis abgegeben,
solch´ Worte treu und stark und fest,
sieht Gottes Sohn sich da erheben
den Fels, auf dem sich bauen lässt:
„Auf dir da will ich sie jetzt gründen,
die Gemeinde, die zu mir hält.
Du sollst lösen, du sollst binden,
was da im Himmel für euch zählt.“

So meint Petrus sich ihm verbunden,
schwört, dass er ihn niemals verrät.
Doch in den frühen Morgenstunden
Angst ihm in seine Seele fährt.
Als sein Herr ans Kreuz wird geschlagen
und man ihn als den Freund anspricht,
will er doch nicht sein Leben wagen,
sagt: „Ich kenn diesen Menschen nicht.“

Was sind Worte, die wir Gott geben,
gegen das Wort, das er uns gibt.

Steht für es ein mit seinem Leben,
das er wie wir genauso liebt.
Drum wenn laut die Hähne nun krähen,
frage dich, ob es die Wahrheit ist.
Auch wenn die Winde anders wehen,
frag, wessen Wort so wahrhaft ist.

Teil 2. Paulus

Einst zog mit Wüten und mit Schnauben
ein frommer Mann in das Gefecht.
Er wollte retten seinen Glauben,
streiten für seines Gottes Recht.
Doch als er meint: Gott, ich bin für dich,
ruft eine Stimme ihn und spricht:
„Saulus, warum verfolgest du mich?
Tritt aus blinder Wut in mein Licht."

Und nach der Finsternis der Schwäche
trifft ihn die Einsicht hell und klar:
-Statt, dass ich Gottes Willen räche,
wird er in Liebe offenbar.
Braucht mein Gott denn, was ich ihm tue,
halte ich ihn damit denn fest?
Kommt nicht die Welt in mir zur Ruhe,
wenn all mein Wollen ihn nur lässt?

Solch Wollen soll mich fortan leiten,
selbst wenn ich auch sehr schwach nur bin.
Aufrecht zu gehen durch die Zeiten,
heißt: Gott vollbringt´s zum guten Sinn.
Solch eine Stärke sei mein Glauben.
Er walte in mir voller Kraft.
Niemand kann mir die Einsicht rauben,

dass Gott alles in Liebe schafft.

Paulus hat in die Welt verbreitet,
dass Gott durch seinen Sohn uns nah,
dass er uns selbst dahin begleitet,
wo keiner von uns Hoffnung sah.
Er, der nicht sah ein böses Ende,
sondern dass Gutes aufersteht,
sagt: „Wenn ihr zur Tat erhebt die Hände
faltet zuvor sie zum Gebet."

66.Nach EG 344: Vater unser im Himmelreich.

Biblischer Bezug: Röm 3, 20
Thema: Buß- und Bettag Einsichten

Gott, der DU willst Gerechtigkeit
und forderst sie in meiner Zeit.
Lass mir DEIN Wort zu Herzen geh´n,
und meine großen Schulden seh´n.
Mach´, was im Dunkel ich beschwör,
nun DEINEN Ruf zur Umkehr hör´.

In Eitelkeit und Widerstand,
lasse ich los oft DEINE Hand.
Meine zu tun, was richtig sei,
fühlen mich gut und frei dabei.
Doch habe ich mich dann verirrt.
Wer ist es, der mein Klagen hört?

Wege, die ohne Gott ich geh´,
machen, dass ich verloren steh´.
„Oh, Vater hilf!", spricht dann der Sohn,
„zahl´ nicht nach meiner Sünden Lohn!"

Am Ende meine Eitelkeit
bleibt nur Gottes Barmherzigkeit.

Trotz meiner Ausflucht aus der Schuld
hast DU mit mir doch stets Geduld.
Nicht weil es auch die andern tun,
soll künftig mein Gewissen ruh´n.
Trotz aller meiner Fehlbarkeit,
hältst du doch DEINE Hand bereit.

Auf richtet mich nur DEIN Gericht,
macht frei aus viel zu enger Sicht.
Lerne mich ehrlich anzuseh´n
und mit den Fehlern umzugeh´n,
dann ich zu jener Einsicht find,
die nicht für DEINE Aussicht blind.

XII. Ende des Kirchenjahres

67. Nach 147: Wachet auf; ruft uns die Stimme

Biblischer Bezug: Röm 3,23
Thema: menschliche Möglichkeit und Gott

Wie lange, leuchtet uns das Gewissen?
Wie gut scheint alles, was wir wissen?
Wie weit darf, was wir können, geh´n?
Bricht Wissen auch uns manche Lanze,
bleiben wir doch blind für das Ganze,
das doch wir nur im Teil versteh´n.
Ist´s Segen oder Fluch,
stets bleibt es nur Versuch

hin zum Guten.
Gibt unser Können Gott Antwort?,
fragt unsre Macht an manchem Ort.

Wie lange, leuchtet uns eigne Wahrheit?
Wie weit scheint uns ihr Licht in Klarheit,
wie weit zeigt sie den Weg voraus?
Immer wenn, wir meinen sie gefunden,
und drehen sicher unsre Runden,
fällt sie uns ein als Kartenhaus.
Wohin dann unser Geh´n?
Was bleibt uns einzuseh´n
in der Stille?
Was wir als Wahrheit uns erdacht,
reicht nicht heran an Gottes Macht.

Wie weit leuchtet uns unser Glaube?
Zerfällt auch er im Erdenstaube,
oder lässt er uns aufersteh´n?
Wie weit trägt uns unser Hoffen?
Ist es für Gottes Willen offen,
und lässt über uns selber seh´n?
Auch wenn der Zweifel sticht,
du selber schaffst sie nicht,
die Erlösung.
Sie kommt von Gott, so glauben wir,
und uns SEIN Geist nun dorthin führ´.

68. Nach 149: Es ist gewisslich an der Zeit

Biblischer Bezug: Offenbarung des Joh 21,1-7
Thema: Herbst/ Anfang und Ende

Es legt sich still zum großen Ruh´n,

das Leben auf die Erde.
Die Tage werden kürzer nun,
dass schlafend alles werde.
Und was gereift und was erblüht,
man müde es nun fallen sieht.
Zu welchem großen Traume?

Es sinkt in eine ferne Zeit,
des Sommers frohes Rauschen.
In tröpfelnder Vergänglichkeit,
spürt man ein großes Lauschen.
Zum Horizont in Pfeilen zieht
ein lautes karges Abschiedslied,
als Antwort auf das Bleiben.

Es raschelt, was einst voller Saft.
Grau welkt, was bunt gewesen.
Doch dieser Wandel gibt auch Kraft,
die Früchte einzulesen.
Es fallen Anfang und das End
zum Ganzen stets in SEINE Händ´,
auf dass ER es aufhebet.

69. Nach EG 155: Herr Jesus Christ, dich zu uns wend

Biblischer Bezug: Ps139

Thema: Gottes Nähe

DU bist es, der mich ganz erkennt,
der alle meine Tiefen nennt,
der nah mir in Gedanken bleibt,
den keine Einsamkeit vertreibt.

DU bist bei mir, wo ich auch sei.

DU hältst mich fest, du lässt mich frei.
DU siehst mich meine Wege geh´n,
wie DU kann mich kein Mensch versteh´n.

Das Wort, das auf der Zunge liegt,
die Stille, die mich hat besiegt,
vertraut bin ich in allem DIR,
hältst DEINE Hand stets über mir.

Dies alles wunderbar ich spür´.
Nicht zu begreifen ist es mir.
DEIN guter Geist er lässt mich nicht,
bleib stets in DEINEM Angesicht.

Wohin mich auch die Zeit hin weht,
DEIN Nah-sein niemals mir vergeht.
Im Himmel hoch, im Tode tief
so bist DU da, wenn ich DICH rief.

Im Morgenrot mit Flügeln leicht,
soweit je mein Gedanke reicht,
hältst über mir DU DEINE Hand
auf tiefstem Meer, im fernsten Land.

Wenn ich in Finsternis versink´,
wenn ich an Dunkelheit ertrink´,
so wird DEIN Nah-Sein mir zum Licht
besiegt die letzte Angst mich nicht.

70. Nach EG 299: Aus tiefer Not schrei ich zu Dir

Biblischer Bezug: Ps 126,1-12

Thema: Erwartung

Wenn Gott uns einst erlösen wird,
die wir jetzt sind gefangen,
und wenn ER heimführt, was verirrt,
aus Ängsten und Verlangen,
wird's sein, als sind wir froh erwacht,
verlassen alle finst´re Nacht
wird´s sein, als ob wir träumen.

Was war, das fällt in tiefen Schlaf,
lässt uns befreit dann lachen,
und was in Träumen nur zutraf,
erleben wir im Wachen.
Es wird ein großes Rühmen sein,
wenn offenbart, was klar und rein
durch DEINEN Sohn verheißen.

Das Große, was uns dann geschieht,
und zu der Wahrheit findet,
ist, was man jetzt im Traum nur sieht
und doch bei Tag entschwindet.
Doch trägt der Fluss der Zeit zu DIR,
ein dunkler Spiegel ist das Hier,
dann sehen wir ins Angesicht.

Auch wenn wir jetzt mit Tränen säen,
und gehen hin und weinen,
so wird bei IHM in Blüte steh´n,
das Gute, was wir meinen.
ER lässt uns SEINE Saat aufgeh´n
und freudig werden wir IHN seh´n,
weil ER uns froh erwartet.

71. Nach 372: Was Gott tut das ist wohlgetan

Biblischer Bezug: Ps 90

Thema: Endlichkeit / Vergehen

DU bist uns Zuflucht für und für
DU Herr über die Zeiten.
So öffne uns die letzte Tür,
auf dass wir sie durchschreiten.
Von DIR kommt her
zu DIR geht hin,
was wandelt hier auf Erden,
um DEIN endlich zu werden.

DU sprichst in alle unsre Angst:
„Kommt wieder Menschenkinder!"
Auch wenn DU Abschied stets verlangst,
so ist es doch kein blinder.
Denn DU stehst da.
Bist für uns da.
Sprichst ins letzte Alleinsein:
„Ich werde für Euch da sein!"

Auch wenn in allem, was wir tun,
wir niemals DIR genügen.
Kommt unsre Eitelkeit zum Ruh´n
kann DEINE Wahrheit siegen.
Denn was vergeht
und was besteht,
liegt nicht in unsren Händen.
Bei DIR muss alles enden.

Und unser Tun und unsre Müh´,
im Stolze sich oft labend.
Erblüht und schön noch in der Früh

verwelkt und schwach am Abend.
Dein Atem weht
und nichts besteht.
Doch ist es nicht DEIN Rächen.
Ins Herz willst DU uns sprechen.

Vergehen und doch aufrecht geh´n,
das schenkt uns DEIN Erbarmen.
Das böse Ende wir nicht seh´n.
Weit offen in den Armen
stehst DU am Ziel
nimmst DU uns an.
Drum lehre uns bedenken,
das Leben DIR zu schenken.

XIII. Taufe

72. Nach EG 166: Tut mir auf die Schöne Pforte

Biblischer Bezug: Joh 3,1-3
Thema: Geistiges Zuhause

Sei willkommen in dem Hause,
das gebaut ist nicht aus Stein,
das im stärksten Weltgebrause,
niemals kann dir stürzen ein.
Hier wirst du zu Gottes Kind,
dass dein Geist nun Heimat find.

Nicht musst du dir dinglich sehnen,
was dir bringt Geborgenheit.
Sich an Hab und Gut zu lehnen,

lässt dich fallen mit der Zeit.
Was dir Zuversicht verheißt,
schenkt Gott dir mit SEINEM Geist.

Komm herab auf diese Seele,
Gott mit DEINER Gabe nun,
dass dem Irdischen nicht fehle,
sich dem Himmel auf zu tun.
Denn DEIN Odem, der entfacht,
wozu ist der Mensch gemacht.

Stets kannst du den Geist erheben
jetzt, aus jedem finst´ren Tal.
Der, das Leben dir gegeben
führt dich aus des Todes Qual.
Hast das Ewige schon hier.
Diesen Frieden schenkt ER dir

Gott, DEIN Geist er kommt hernieder
und steigt wieder zu DIR auf.
Er geht aus und er kommt wieder
führt dich durch des Lebens Lauf.
Er ist jenes Band zur Zeit,
das dich hält in Ewigkeit.

73 .Nach EG 200: Ich bin getauft auf deinen Namen

Biblischer Bezug: Mt 3,17

Thema: Nähe zu Gott und den Menschen

Gott öffnet dir heut eine Türe,
zu SEINEM ewiglichen Reich,
auf dass ER schütze und auch führe,
was in dir ist und doch IHM gleich.

SEIN Kind wirst du ab nun genannt,
wirst von IHM in die Welt gesandt.

SEIN Kind bist du nun unter Kindern,
dem Vater und dem Sohn verwandt
und keine Macht, die kann dich hindern,
nun aufzubrechen in SEIN Land,
das Land, in dem nicht Furcht regiert,
das Land, das hin zum Frieden führt.

Gott wird dich fortan jetzt begleiten-
ist da, wo du dich fühlst allein.
In hellen, wie in finst´ren Zeiten,
wirst du bei IHM geborgen sein.
SEIN Segen lässt dich nun erblüh´n
im Beten und sich selber müh´n.

Verbunden bist du nun mit andern,
die Gott in Christus nahe sind.
Gemeinsam durch die Zeit zu wandern,
auch gegen manchen Sturm und Wind,
das sagen wir dir heute zu.
Ein Teil von uns bist jetzt auch du.

74. Nach 207 : Nun schreib ins Buch des Lebens

Biblischer Bezug: Apg 8,36-39

Thema: Wasser/ See /Seele

Es fließt der Fluss des Lebens
in deine See nun ein,
als reines klares Wasser,
um ganz zu werden SEIN.

In jenem See der Seele,
da steigt die Sehnsucht auf
und alles, was dir fehle,
das gibt dir nun die Tauf´.

Es füllet sich dein Leben
bis hin zum Überfluss.
Der Strom er ziehet weiter,
weil er doch fließen muss.

So gehet nicht verloren,
was in dem Wasser steigt,
weil wo es schließlich mündet,
die weite See sich zeigt.

75. Nach EG 208 Gott, Vater, du hast deinen Namen

Biblischer Bezug: Jes 43,1

Thema: Name

Dies Wasser soll die Furcht ertränken,
und stärken dir dein Gottvertrau´n.
SEIN Friede soll sich auf dich senken.
Auf Gott wirst du dein Leben fortan bau´n.

Denn ER erlöst es aus den Zwängen,
die Freiheit niemals ganz zu seh´n.
Und mag die Welt dich auch bedrängen,
stets kannst du SEINE Stimme ja versteh´n.

Es ruft Gott heute dich mit Namen.
ER sagt dir zu, dass ER dich mag.
ER hüllt dich ein in SEIN Erbarmen,
das dich behüte nachts und auch am Tag.

Niemanden kannst du mehr gehören,
denn du gehörst jetzt IHM allein.
Im tiefsten Herzen kannst du´s hören,
wenn Gott zu dir nun sagt: Ja, du bist mein.

76. Nach EG 445: Gott des Himmels und der Erde

Biblischer Bezug: Mk 10, 14
Thema: Gedanken der Paten und Eltern

Gott, dies winzig kleine Leben,
das in unsren Armen liegt,
in ihm hast DU uns gegeben,
was das Selbst in uns besiegt.
Liebe, die lebendig ist,
macht, dass DU ganz nah uns bist.

Wenn sein Wachsen wir begleiten,
soll es DIR entgegen geh´n.
Unser Halten, unser Leiten
soll zur Freiheit ihm gescheh´n,
dass es im Vertrauen fest
seine Gaben blühen lässt.

Auf dem Weg ins Land von Morgen
gehen wir mit ihm ein Stück.
Unser Hoffen, unser Sorgen
es bleibt irgendwann zurück.
Doch niemals wird je getrennt,
wer DICH Gott mit Namen kennt.

Bitten nun um DEINEN Segen,
denn nicht wir sind es allein,

die ihm alle Hoffnung geben
und ein Gut-Behütet-Sein.
Unsre Hand, die das bewegt,
sei in DEINE Hand gelegt.

77. Nach EG 455: Morgenlicht leuchtet

Biblischer Bezug: 1 Mose,1,1-2,4 / Joh 3,1-8
Thema: neu geschaffen werden

Gottes Licht leuchtet, in deine Seele.
Wirst neu geboren, SEIN Werk beginnt,
dich zu erlösen, dich gut zu machen,
dir nun zu sagen: Du bist SEIN Kind.

Gott gibt die Feste in deinem Leben.
ER schaffet in dir, was dich erhält.
ER schenkt dir aufrecht vorwärts zu gehen,
sich nicht verlieren in dieser Welt

Gott gibt den Himmel, gibt dir die Erde
lässt sie in deinem Geist aufersteh´n.
Gibt dir das Danken, gibt dir das Staunen,
lässt dich mit Liebe alles anseh´n.

Gott gibt das Blühen, gibt alles Wachsen,
gibt es dir wie dem Strauch und dem Baum,
dass wir entfalten sein gutes Wesen,
dass immer wach bleibt: Gott ist kein Traum.

Gott DU bist Herrscher über die Zeiten,
schenkst uns das Jahr und den Augenblick,
Tage voll Sonne , Nächte voll Sterne.
Kehren auch im Vergehen zu DIR zurück.

Gott schuf die Tiere, dass du siehst Augen
lebendig schön und doch endlich fremd.
Leben braucht stets auch das Gegenüber,
braucht, was aus Liebe die Selbstsucht hemmt.

Gott DU gibst Frieden, in DIR zu ruhen,
gibst DEINEN Sohn und gibst uns Vertrau´n.
Zu DIR und von DIR kommt unser Leben
um was in DIR ruht, mit uns zu bau´n.

XIV. Abendmahl

78. Nach EG 218: Schmücke dich, o liebe Seele

Biblischer Bezug: Kol 1,13-20
Thema: Sehnsucht

Ach, es hungert mich zu weiten
die Gedanken über Zeiten,
da mein Träumen wird erwachen
und von Ängsten frei mich machen.
Komm, Herr, stärke meine Seele,
dass an Kraft es ihr nicht fehle,
aus dem Satt-sein aufzustehen
und zu DEINEM Tisch zu gehen.

Ach, wie dürstet mich zu schmecken,
Worte, die mir Sehnsucht wecken,
und mir nicht im Wind verwehen
oder sich im Kreis nur drehen.
Komm Herr, stärk´ mir DEINE Worte,

dass ich geh durch jene Pforte,
um das Eigne zu verlassen,
um mich DIR zu überlassen.

Ach, es hungert mich zu hoffen,
dass am End` die Tore offen.
Trotz sie nicht durch mich geschehe,
dass ich die Erlösung sehe.
Komm Herr, stärke mein Vertrauen,
lass´ auf DEINE Güte bauen,
dass sich in mir ganz ausbreite
DEINES Himmels freie Weite.

Ach, es dürstet mich zu glauben,
dass uns nicht der Tod wird rauben,
sondern dass wir ihn durchschreiten
hin zu DEINES Reiches Seiten.
Dann, Herr, wirst DU endlich stillen,
was da lag in unserm Willen,
was zum Guten wir gedachten,
was wir aber nie vollbrachten.

Herr, an DEINEM Tisch wir haben
für die Seele jene Gaben,
die in Hoffnung sie erheben,
DEINEM guten Geist beleben.
Hast bedürftig uns gefunden,
trotzdem uns mit DIR verbunden,
dass wir aller Angst entfliehen,
und DIR froh entgegen ziehen.

79.Nach EG 364: Was mein Gott will, gescheh allzeit

Biblischer Bezug: Mt 5,6

Thema: satt-sein / hungern

Es hungert nach Unendlichkeit
die Seele auch der Satten.
Denn stets lehrt die Vergänglichkeit,
nichts bleibet, was wir hatten.
Behalten ist kein Lebensziel,
doch Angst macht das Verlieren.
Nichts ist von allem je so viel,
um aus der Furcht zu führen.

Es hungern nach Gerechtigkeit
so viele Elendskinder.
Und was du brauchst in deiner Zeit,
das brauchen sie nicht minder.
Die Welt sie hungert zweierlei,
der Leib und auch die Seele.
Doch aus der Knechtschaft macht erst frei,
wo ich mich zu den Andern zähle.

So lade, Herr, zu DEINEM Tisch,
die so getrennt begehren.
Wie wenig sind auch Brot und Fisch,
wo DEINEN Geist sie ehren,
da wird der Hunger so gestillt,
Seel´ und Leib zu erbauen
und DEIN Barmherzigkeit lässt mild
in Gottes Reich schon schauen.

80.Nach EG 447: Lobet den Herren

Biblischer Bezug: Ps 104

Thema: Mahl mit Brot und Wein /Erntedank

Mit diesem Mahle, wollen wir Gott ehren,
für SEINE Gaben, die ER schenkt zum Leben,
die wir tagtäglich wieder neu begehren,
lasst Dank uns geben.

Für all das Korn, das ER uns ließ gedeihen,
dass endlich Brot hervorkommt aus der Erde.
Aus aller Sorge, will ER uns befreien,
dass Friede werde.

Mit jenen Trauben, die in ihrer Süße,
unsere Herzen mit Freude beschenken,
sendet Gott uns des Himmels gute Grüße,
IHM zu gedenken.

Wenn wir nun teilen, SEINE guten Gaben,
und SEINE Worte tief im Herz begreifen,
dass wir sie niemals, für uns allein haben,
wird SEIN Geist reifen.

All unsern Hunger und all unser Dürsten,
ob nun des Leibes oder unsrer Seele,
stillt jene Güte unsres Lebensfürsten,
nichts bei IHM fehle.

81. Nach EG 460: Lobet den Herren und dankt ihm seine Gaben

Biblischer Bezug: Mk 14,17-20

Thema: Schuldig bleiben

Oft DICH verraten und DICH oft vergessen,
lädst du mich Herr an DEINEM Tisch zu essen.
„Herr bin ich es?“ brauch ich nicht DICH zu fragen;
kann´s mir selbst sagen

Herr, der DU gabst der Liebe all DEIN Leben,
möchte DICH bitten, mir neu zu vergeben.
Blieb vieles schuldig in Worten und Taten,
hab DICH verraten.

Hast mich trotz allem zu DIR eingeladen.
Was mir geschieht, geschieht aus DEINER Gnaden.
Hilf meinem Sinnen und auch meinem Trachten
mehr DICH zu achten.

Obwohl ich weiß, wie oft ich mich versage,
und nachts bereue, was ich tat am Tage,
gib DEINER Kraft in mir das Auferstehen,
hilf aufzusehen.

Herr, DEINE Güte hilft aus dem Versagen.
DIR treu zu sein, kann mehr und mehr ich wagen.
Durch DICH allein, kann ich mich aufrecht stärken
zu guten Werken.

XV. Konfirmation

82. Nach EG 161: Liebster Jesu, wir sind hier

Biblischer Bezug: Spr 4, 20-23

Thema: Kinder brechen ins eigene Leben auf

Aus dem Elternhaus die Tür
führt hinaus ins eig´ne Leben.
Gott begleite für und für,
die DU uns ins Herz gegeben,
dass wir sie geborgen wissen,
wenn wir Abschied nehmen müssen.

Hoffen, dass ihr stark und fest,
seid gewachsen durch den Glauben,
der euch aufrecht gehen lässt,
den euch nicht die Welt kann rauben.
Spürt das Gottes Vatergüte
euch auf eurem Weg behüte.

Unsre Hand, die gehen lässt,
gibt sie, Gott, in DEINE Hände.
Halte unsere Kinder fest,
und zu jenem Ziel sie sende,
wohin kannst nur DU geleiten
aus der Welt Vergänglichkeiten.

83. Nach EG 204. Herr Christ, dein bin ich eigen

Biblischer Bezug: Mt 7, 13-16a

Thema: Seinen Weg finden

Nicht führt die weite Pforte
dich auch zu deinem Ziel.
Ein breiter Weg zum Orte
heißt nur es kamen viel.
An alle sich zu binden,
lässt noch nicht sicher steh´n.
Zur Wahrheit hin zu finden,
musst du alleine geh´n.

Es sind wohl viele Richter,
die wissen, was du sollst.
Auch weisen bunte Lichter,
wo du Erfolg dir holst.
Im Stolz der ersten Riege,
ist oft der Glanz nur Schein.
Es sind nicht immer Siege,
die lassen weise sein.

Die eignen Weg´ zu gehen,
die rechte Pforte schau´n,
musst du zu Gott aufsehen,
musst IHM allein vertrau´n.
So schenkt ER seinen Segen,
und stete Zuversicht.
Ist da auf allen Wegen.
Niemals verlässt ER dich.

84. Nach EG 351. Ist Gott für mich

Biblischer Bezug: 1. Mose 2,7

Thema: Konfirmation

Im Suchen doch verloren,
nichts hält mich wirklich fest.
Zu welchem Sinn geboren,
mit dem sich´s hoffen lässt.
So treibt mich fort mein Fragen.
Ich bin ein Blatt im Wind?
Bewegt von Freud und Plagen
verloren wie ein Kind.

Geneigt den Blick zur Erden,
find´ ich nur immer Staub.
Nichts was da bleibt im Werden,
stets raschelt nur das Laub.
So gehen zu vergehen
macht angstvoll und gemein.
Nur immer Grenzen sehen,
das sperrt den Geist dir ein.

Zum Himmel ich aufsehe.
von dem kommt alles Licht
Nichts bleibt dort oben stehen
und Grenzen gibt es nicht.
Ich seh´ die Wolken ziehen
bis hin zum Horizont
jedoch ist es kein Fliehen
in Allem Ruhe wohnt.

So habe ich gefunden
in mir ein Himmelsstück.
Das sucht in meinen Runden

nach einem Weg zurück.
So mag in mir sich weiten
dies kleine Gottes-Sein,
Es wird mich dahin leiten,
wo ER sagt: Du bist mein.

85. Nach EG 440: All Morgen ist ganz frisch und neu

Biblischer Bezug: 4. Mose, 6,22-27
Thema: Segen

Nun werdet stark und stehet fest,
auf dass ihr nimmermehr vergesst:
Gott hält euch treu an SEINER Hand
Zum Segen seid ihr ausgesandt.

Nun liegt vor euch ein weites Feld,
auf dass ihr es Gott treu bestellt.
Bringt reichlich gute Früchte ein,
so werdet ihr stets nah IHM sein.

Wenn ihr dann eure Wege geht
und manches nicht zum Besten steht.
So wisst: ER bleibt euch immer nah,
weil ER in euer Herz euch sah.

Fortan gibt ER euch allezeit
ein Stück von der Geborgenheit,
wo in dir wohnt ein Heimkehrort,
den nimmt euch alle Welt nicht fort.

So geht mit Gott in eure Zeit,
ER hält viel Wunder euch bereit.
Weit kommt, wer Gott letztendlich lässt.

Im Glauben werdet stark und fest.

XVI. Trauung

86.Nach EG 170: Komm, Herr, segne uns

Biblischer Bezug: 1.Mose,27

Thema: Aus Gottes Hand nehmen

Gott gibt an die Hand,
euch ein zweites Leben.
Mit Herz und Verstand
ist es euch gegeben.
Seid einander nah
ohne einzuengen.
Geben und Behalten
soll euch wichtig sein.

Nehmt des andern Hand,
um euch Halt zu schenken.
Denn ein starkes Band
ist zusammen denken.
Wo der eine schwach,
gibt der andre Stärke.
Für einander stehen,
soll euch Hoffnung sein.

An des andern Hand
geht hinaus ins Neue.
Seht ein großes Land,
liegt vor eurer Treue.
Werdet euch nicht gleich,

lasset zu das Fremde.
Auch das immer Andre
soll euch eigen sein.

Gott gibt euch die Hand,
für SEIN gutes Werden,
dass im Ehestand
Liebe trägt auf Erden.
Haltet an ihr fest,
schenkt ihr euer Leben
nur wer sie bewahret,
wird bewahret sein.

87. Nach EG251: Herz und Herz vereint zusammen

Biblischer Bezug: Römer 8,28 u.29
Thema: aneinander Wachsen

Nehmt einander euch als Segen,
der das Gute in euch weckt.
Tief ins Herz sei euch gegeben,
dass es sein will nur entdeckt.
Einen Schatz ans Licht zu holen,
einen Traum zur Wirklichkeit,
wird von Gott euch heut´ befohlen,
weil ihr füreinander seid.

Auch die andre Schwäche sehet,
keiner kann vollkommen sein.
Wenn ihr zueinander stehet,
schließt das Unvollkomm´ne ein.
Liebe lebt nicht ohne Wahrheit.
Beides stets zusammen denkt.
Größer wird das Herz durch Klarheit,

die uns Gott barmherzig schenkt.

Haltet eure Liebe heilig,
dass sie euch vergeben lässt.
Euer Urteil sei nicht eilig
dafür das Vertrauen fest.
Was ihr wollt, dass man euch gebe,
gebt zuerst dem Andern hin.
Nicht das Ich, das Du erhebe!
Gott gibt darin dir den Sinn.

88. Nach EG 295: Wohl denen, die da wandeln

Biblischer Bezug: Kol 3,12-17
Thema: verbunden sein

Das Kleid der Liebe hüllet
in Gottes Güte ein.
Habt Freundlichkeit die Fülle
im Füreinander-Sein.
Nehmt an auch, was da Schwäche ist,
und lernt sie zu vergeben.
So haltet ihr zu Gott.

Das Band, das euch verbunden,
ist aus Unendlichkeit.
Es trägt in schweren Stunden,
und heilt mehr als die Zeit.
Es hält euch fest auch in der Not
und hilft sie überwinden,
es bindet euch an Gott.

Die Worte Christi geben
euch einen festen Grund.

Durch sie wird euer Leben,
zu jenem festen Bund,
der trägt durch alle Widrigkeit
in Mensch und Gottes Nähe,
der von sich selbst befreit.

Singt Gott von ganzer Seele,
für alle Liebe Dank.
Nichts ist, was euch nun fehle,
durch sie ein Leben lang.
So bleibt in Gott und ER in euch
bis in die alten Tage
seid ihr in IHM vereint.

89.Nach EG 322: Nun danket alle und bringet Ehr

Biblischer Bezug: 1.Mose 2,18

Thema: füreinander da sein

„Es ist nicht gut allein zu sein"
sprach Gott ins Menschenherz.
Keiner ist sich genug allein,
kann trösten sich im Schmerz.

Jeder braucht den, der nah ihm ist,
der da ist in der Angst.
Einen, der dann sich selbst vergisst,
auch wenn du´s nicht verlangst.

Einen, der gibt den Zufluchtsort,
wenn aller Welt du fliehst.
Einen, der schenkt ein gutes Wort,
wenn du nur Böses siehst.

Jeder, braucht den, der anders ist,
der weitet seine Sicht.
Einen der ist, wie du nicht bist,
und zeigt ein andres Licht.

Einen, der gibt dir, was dir fehlt,
der stark ist, wenn du schwach.
Einen, der deine Träume zählt
und hält sie für dich wach.

Keiner ist nur sich selbst genug,
bedürftig jedermann.
Wo man des andren Last auch trug,
da kamen beide an.

So brecht nun auf in Gottes Land,
die Seele euch erbaut.
Nehmt euch nun beide an die Hand.
Werd´t euch und IHM vertraut.

„Es ist nicht gut allein zu sein“
ist jenes Anfangswort.
In dem all unser Sinn und Sein
erhält den guten Ort.

90. Nach EG 443: Aus meines Herzens Grunde

Biblischer Bezug: Kor 13

Thema: Das Ja -Wort

In Liebe sich gefunden
steht ihr vor dem Altar,
dass euer Wort gebunden
in Gottes großes Ja.

Dem Andern alle Zeiten,
sich selber zu verschenken,
das Ich im Wir nun denken,
mag treu Gott euch leiten.

Das Wort, sich fest zu geben,
braucht eine Gottes Kraft.
Sie wird euch hoch erheben,
wie es die Welt nicht schafft.
Die Liebe zu entfalten,
heißt mit dem Herz verstehen,
heißt mehr als sich zu sehen,
heißt Treue sich halten

Sich das Versprechen geben,
ist unser größtes Wort.
So füllt die Liebe Leben.
In Kindern lebt sie fort.
In ihr ist Gott zugegen.
Lässt unsre Seelen lachen,
lässt unsre Sehnsucht wachen.
Gibt uns SEIN Segenswort.

91. Nach EG 452: Er weckt mich alle Morgen

Biblischer Bezug: Ps 139,12-17

Thema: Bund gleichgeschlechtlicher Paare

Gott, DU hast uns gegeben
auch unser Anderssein.
Wollen gemeinsam leben
und sagen: Ich bin dein.
DU gabst uns dies Begehren,
das fremd manch´ andern ist.

Doch liebend DICH zu ehren
heißt, dass DU nah uns bist.

Gott, DU lässt DEINE Wahrheit,
nicht ohne Fragen steh´n.
Doch finden wir zur Klarheit,
wenn wir DICH gütig seh´n.
Hilf jenen, die in Enge,
uns einen Greul genannt.
Gib frei, was sie bedränge,
aus DEINER guten Hand.

Gott, gib uns DEINEN Segen
in unsre Partnerschaft.
An ihm ist uns gelegen,
gibt unsrer Liebe Kraft.
DU gabst uns dies Begehren,
das ohne Grenzen ist.
Und liebend DICH zu ehren,
heißt, dass DU nah uns bist.

XVII. Jubiläen

92. Nach EG 268: Strahlen brechen viele.

Biblischer Bezug: Ps 121

Thema: Ehejubiläum

Gott, mit DEINER Güte,
hast DU vereint,
diese beiden Menschen.

Brachtest sie zur Blüte,
die weithin scheint,
über Tag und Jahre.

Gott, durch DEINE Nähe,
gabst DU den Mut,
auch durch Angst zu gehen.
In der Zeit bestehe,
was endlich gut,
durch DEIN lebendes Wort.

Gott, durch DEIN Erbarmen,
hast DU bezeugt,
Güte braucht vergeben.
Haltet euch in Armen,
auch noch gebeugt,
weil ihr so niemals fallt.

Gott, durch DEINE Liebe,
hältst DU uns fest
in dem Fluss der Zeiten.
Wenn sie nicht mehr bliebe,
wär´ nichts, was lässt
uns zu DIR aufsehen.

93.Nach EG 346: Such, wer da will, ein ander Ziel

Biblischer Bezug: 1. Mose 12,4

Thema: Hoher Geburtstag

Gottes Wort kam zu Abraham,
um Segen zu bewahren.
Er hatte viel, und schien am Ziel
mit fünfundsiebzig Jahren.

Gott sprach: Geh´ aus
dem Vaterhaus,
an meiner Hand
in neues Land.
Sollst mich ganz nah erfahren.

Trotz mancher Jahr´, war er nicht starr.
Sein Glauben schlug noch Wogen.
Hat nicht gefragt, ist hochbetagt
noch einmal ausgezogen.
Verließ den Ort,
auf Gottes Wort,
dass werde wahr,
was er ersah
durch Gott am Himmelsbogen.

Der Segen treibt, dass Gott auch bleibt,
für die, die uns beerben.
Und was da fehlt, die Seel´ dir quält,
du musst es nur erwerben.
Durch Gottvertrau´n
wirst du es schau´n,
und glaubst du fest,
dann Gott dich lässt,
die Ewigkeit erleben.

94.Nach EG 352: Alles ist an Gottes Segen

Biblischer Bezug: Ps 23

Thema: Ehejubiläum

Gott, DU gabst in allen Jahren
unsre Liebe zu bewahren.
Warst uns stets ein guter Hirt,

der uns führte auf den Wegen
und der uns mit SEINEN Segen
half, dass wir uns nicht verirrt.

Frisches Wasser, grüne Auen
ließest DU die Seele schauen,
wenn der Mangel uns regiert.
Immer war in DEINEM Namen
für uns reichliches Erbarmen,
das uns aus der Not geführt.

Und in manchen finst´ren Tiefen,
als wir ängstlich zu DIR riefen,
hast DU tröstend dich gezeigt.
DEINE Nähe, DEINE Güte
brachte beide uns zur Blüte
Unser Dank sich tief verneigt.

Was DU uns bisher gegeben,
war ein gutes reiches Leben
und so bitten wir DICH nun:
Sei uns nah auch weit´re Zeiten
Hilf zur Grenze uns begleiten,
bis wir schließlich in DIR ruh´n.

95. Nach EG 357: Ich weiß, woran ich glaube

Biblischer Bezug: Röm 8,18-39
Thema: Goldene Konfirmation

Heut, wie vor vielen Jahren
treten wir vor DICH hin.
Sind durch die Zeit gefahren,
mit Verlust und Gewinn.

Nun kommen still´re Tage.
Die Ruh nach all der Hast.
Wohin? Steht nun die Frage,
dass Rost nicht frisst die Rast.

Schenk nochmal jene Neugier,
für DEINE weite Welt,
denn bleiben kann nur treu DIR,
wer nicht die Tage zählt.
Zwar nicht im wilden Eilen,
mehr langsam und bedacht,
lass´ gehen unsre Meilen
und seh´n, was DU erdacht.

Gib weiter uns das Hoffen,
dass DU uns gehst voran.
Halt neue Türen offen,
durch die man gehen kann.
Wenn manche fällt uns zu nun,
dann führe uns hinaus.
Nur DU kannst dies für uns tun.
Nur DU bringst uns nach Haus.

Wir bleiben DEINE Kinder,
weil DU der Vater bleibst.
Und wird die Kraft auch minder,
den Geist DU weitertreibst.
So stärke uns heut´ wieder
und segne unsre Zeit.
Lass´ steigen unsre Lieder
aus der Vergänglichkeit.

96. Nach EG 450 Morgenglanz der Ewigkeit

Biblischer Bezug: Ps 27

Thema: Hoher Geburtstag

Gott, DU Hüter meiner Zeit,
treuer Hirt in allen Jahren.
Bin heut´ voller Dankbarkeit,
für DEIN treues mich Bewahren.
DU warst immer jene Kraft,
die es schafft.

Gott, DEIN Haus das Himmelszelt,
ließ mich sein bei DIR geborgen.
Tobte auch die laute Welt,
stiegen zu DIR meine Sorgen
und DU hast es gut gemacht
leis´ und sacht.

Gott, DU bist mir Zuversicht.
Leuchtest mir auf allen Wegen.
Gibst mir Heil und Lebenslicht,
wenn sich finst´´ re Schatten legen,
mit DIR kann ich weiter geh´n,
kann DICH seh´n.

Also, lass´ DEIN Angesicht
weiter mir entgegenscheinen.
Und was ich jetzt bin noch nicht,
mag sich dann in DIR vereinen.
DICH zum Ziel hat meine Zeit,
bin befreit.

97.Nach EG 451: Mein erst Gefühl, sei Preis und Dank

Biblischer Bezug: 1.Mose, 18,12-14

Thema: Ruhestand /Herbst/Goldene Konfirmation

Golden bricht nun, sein helles Licht,
durch die Kalenderblätter.
Es leuchten Aus- und auch Einsicht
durch mancher Zeiten Wetter.

Ein Vogelschwarm, er zieht dahin
ins warme Land Erinnern.
Und Manches kommt erst jetzt zum Sinn,
kommt an in meinem Innern.

Reif liegen da im sanften Schein
des guten Gottes Gaben.
Im Kelche leuchtet roter Wein,
dass wir Versöhnung haben.

Den Wolkenweg zieht nun der Tag
vom freien Geist getragen.
Und was stets auf dem Herzen lag,
muss länger nicht verzagen.

Mit Farb´ und Sturm, nimm an den Herbst.
Schenk Flügel meiner Seele,
auf dass die Liebe DU vererbst,
der Himmel mir nie mehr fehle.

XVIII. Bestattung

98. Nach 331: Großer Gott wir loben dich

Biblischer Bezug: Psalm 90

Thema: Erfüllung, Abschied

Eltern, Kindern für und für
bist DU Zuflucht stets gewesen.
Anfang und End´ gehören DIR
Säen und die Ernte einlesen,
das geschieht durch DEINE Hand,
nichts bleibt von DIR unerkannt.

Vor der Welt und auch nach ihr,
bist DU da in Ewigkeiten.
Unsere Seele sehnt sich nach DIR,
wenn sie durchwandert ihre Zeiten.
In DIR finden wir zum Ziel.
Nichts, was in die Leere fiel.

Jede Zeit und jedes Wesen
alles kommt und geht auch wieder.
Selbst was ist so stolz gewesen,
schlägt vor DIR die Augen nieder.
Alles kommt durch DICH ans Licht,
endlich vor DEIN Angesicht.

Doch fahr´n die Tage auch dahin,
und vergeblich bleibt das Mühen.
Finden wir in DIR allen Sinn
Unser Dasein wird Erblühen,
wo der Tod uns nicht regiert,
wo DU uns aus dem Leben geführt.

99.Nach EG 361: Befiel du deine Wege

Biblischer Bezug: Ps 22

Thema: Trauer/ Klage um einen Menschen

Fern ist, was immer nah war,
und nah ist, was so fern.
In Stille steht die Zeit starr
zurück hätt´ man sie gern.
So zieht das Abschiednehmen
in die Gedanken ein,
als wollte es uns lähmen,
mit Gott noch eins zu sein.

Ein Mensch, der uns gegeben
und gut tat unserm Herz.
Er ist nicht mehr am Leben
Alles in uns ist Schmerz.
Wohin mit unsren Tränen
aus Ohnmacht und Verlust?
Wohin mit unsrem Sehnen,
dass DU es gut nur tust?

Die Leere unsrer Hände,
begreifen könn´ wir nicht.
Ach, gib uns hier am Ende
von DEINER Seite Licht.
Gib über das Verstehen,
das, was den Glauben hält:
Hilf über Grenzen sehen,
dass jeder zu DIR fällt.

Ein Fallen, wie ein Finden,
ein Lassen, das gewollt,
ein Freisein, wie sich binden,

was nicht die Angst sich holt.
So schenke uns Vertrauen,
wenn Trauer uns zerbricht.
DICH statt den Tod zu schauen
führ endlich uns zum Licht.

100. Nach EG 365: Von Gott will ich nicht lassen

Biblischer Bezug: 1. Kor 13, 12
Thema: Abschied bei einem Suizid

Ein Spiegel tief im Dunkel
wirft uns zurück kein Licht.
Auch nicht ein Sterngefunkel
macht weiter uns´re Sicht.
So hilflos stehen wir,
die Ohnmacht lähmt das Hoffen,
kein Weg er scheint uns offen.
Komm hol´ uns ab von hier.

Ein Freund, er ist gegangen.
Ihm blieb zum Tod nur Kraft.
Sein´ Not und all sein Bangen
hat´s nicht zu uns geschafft.
Warum? , schreit unser Herz.
Das Bild in unserm Spiegel
behält sein dunkles Siegel.
Komm hol uns ab im Schmerz.

Hilf etwas nur erkennen,
was unsre Trauer trägt.
Lass DEINEM Namen nennen,
dass sich der Nebel legt.
Wie finden wir zurück?

Gib unsrer leeren Liebe,
dass etwas von ihr bliebe
und sei es nur ein Stück.

Auch wenn wir nur in Teilen
und nie das Ganze seh´n,
so wirst DU alles heilen,
auch was wir nicht verstehn.
Komm´, nimm die leere Hand,
das finstre Tal durchschreiten,
musst DU uns jetzt begleiten,
bis alles wird erkannt.

101. Nach EG 376: So nimm denn meine Hände

Biblischer Bezug: Ps 121
Thema: Aufsehen aus der Trauer

Am Ufer eines Lebens,
da stehen wir,
und suchen, dass vergebens
wir sind nicht hier.
Der Blick geht in die Weite
zum Horizont,
auf dass er zu DIR leite,
wo Hoffnung wohnt.

Auch wenn wir es nur ahnen,
DEIN gutes Reich.
So lenke unsre Bahnen,
auf dass sie gleich,
durch Tränen sehen lassen,
was Trost uns gibt.
Hilf unserm Glauben fassen,

wir sind geliebt.

Tief auf des Himmels Grunde
suchen wir DICH.
Gib diese Abschiedsstunde,
dass öffnet sich,
was dunkel und verborgen,
gefangen hält.
Schick´ einen Ostermorgen,
der uns erhellt.

102. Nach EG 316: Lobe den Herrn

Biblischer Bezug: 1. Sam 2,1-2.6-8a
Thema: Gott der Herr des Lebens und des Sterbens

Liebender Gott,
der DU schließt alle Kreise des Lebens,
der uns erhebt aus der Angst,
alles sei nur vergebens.
Lass glauben fest,
dass DU uns niemals verlässt.
Gott allen Nehmens und Gebens.

Mächtiger Gott,
der DU stark machst die Furcht zu besiegen.
Nein, unser Kreuz
wird sich vor dem Tod niemals verbiegen.
Der auferstand,
nehme uns jetzt an die Hand,
DIR in den Armen zu liegen.

Gütiger Gott,
der DU uns mit Geliebten gesegnet.

Nimm sie zu DIR,
auf dass man sich bei DIR einst begegnet
Heb´ uns den Blick,
dass er nicht geht nur zurück,
sondern uns Hoffnung entgegnet.

Ewiger Gott,
der DU schenkst, DEINE Kinder zu werden
und uns beweist
mit all DEINER Schönheit auf Erden:
DU machst es gut,
alles in DIR endlich ruht,
gibt's nach dem Tod neues Werden.

Printed by Books on Demand GmbH, Norderstedt / Germany